M000083647

Un hermoso L
Para un alma bella

Con mucho cariño

Olga Luisa

Todo lo que quiero es paz
Un camino de plenitud interior
Autora: Luz Amparo Reyes

ISBN-13: 978-0-578-58982-4
ISBN: 9781697693836

Primera edición: Octubre 2019.
© **Book Masters Corp**

Imagen Portada: Giovanni Bagioli
Asesoría Editorial: Massiel Alvarez /Book Masters Corp.
Portada y Diagramación: Germán García/ G2M

Todos los derechos están reservados. Se prohíbe la reproducción de esta obra, el almacenamiento en sistemas informáticos y la transmisión en cualquier forma o medio de comunicación, sin permiso previo y por escrito del titular de la autora.

Todo
lo que
quiero es
paz

Un camino de plenitud interior

LUZ AMPARO REYES

Dedicatoria

A tu alma
y a mi alma.

Agradecimiento

Gracias infinitas… a todos mis maestros. Agradezco a todos los que han pasado y han de pasar por mi vida. Es larga la lista y no es posible publicarla, pero cada uno ocupa un lugar especial en mi corazón.

Agradezco a Dios por el privilegio de existir.

A mi familia, por amarme sin condiciones.

A mi padre, por su sabiduría.

A Giovanni, por ayudarme a derrumbar murallas.

A Peter Fraile, por traer la Valoración Positiva a mi vida.

A mis grupos de crecimiento espiritual, compañeros de jornada.

A mi alma, por hacer este recorrido, y a tu alma, que me acompaña desde siempre.

A Un Curso de Milagros, por recordarme que *todo lo que quiero es paz*.

Prólogo

Cuando la autora, Luz Amparo Reyes, nos afirma «*Todo lo que quiero es paz*», nos surge una pregunta: ¿será que todo lo que yo también quiero es paz? A lo mejor somos conscientes de una miríada de necesidades, pero la paz no ocupa ese lugar relevante o quizás ni siquiera la contemplemos como una de las opciones. Y yo me pregunto: ¿será que hemos olvidado o ignoramos qué significa vivir en paz? o ¿simplemente relacionamos el término —*paz*— a la tregua de las luchas y los conflictos entre grupos o personas que se odian? Pero ¿qué sucede si ese conflicto y odio (así no lo reconozcamos) habitan nuestro interior? ¿Acaso asociamos que lo que sucede allá afuera es tan solo un reflejo de lo que llevamos por dentro?

Las respuestas a estas inquietudes pueden levantar escaramuzas y habrá quienes se sientan desvinculados a la violencia e infelicidad que reinan en el mundo y reclamen la santidad de su existencia, pero esa sería la excusa más fácil, es como echarle la culpa de todo lo malo al vecino de al lado, al jefe o al compañero de trabajo, al cónyuge, al hijo, al perro… en fin, a todo y a todos, con tal de no reconocer la pajilla en el ojo propio. Introspecciones como las que nos presenta Luz Amparo, a través de este libro, nos ayudan a quitarnos la venda, en especial la del alma, y nos invitan a que nos detengamos un momento para que a la luz de la reflexión reconozcamos de qué, en verdad, estamos hechos y cuáles son los tentáculos en los que se manifiesta nuestro credo personal.

No hay que desconocer las condiciones de saturación y exigencia en que vivimos, donde a veces parece imposible reservar unos minutos para sentir nuestra propia respiración y hasta nos sentimos impedidos a cerrar los ojos libres de temor. Es como si nuestra razón de vivir estuviese limitada a suplir lo material y atender lo urgente del mundo, desconectándose cada vez más del ser interior: una renuncia imperdonable para la experiencia de la vida. Sentimos que lo damos todo, aun así, no nos sentimos plenos y gozosos. No creo que el fin de la existencia sea el sufrimiento y la frustración, y si vivimos en esta agonía, algo debe estar muy mal.

La buena noticia es que si bien no tenemos el poder para transformar a los 7.550 millones de personas que habitan el planeta, sí tenemos el poder para transformarnos a nosotros mismos, y ese cambio ya ha comenzado. Ojalá estas palabras escritas con humildad toquen tu alma y juntos reconozcamos que «no solo de pan vive el hombre». Además de suplir las necesidades terrenales necesitamos una «visión espiritual», como nos dice Luz Amparo, pues el espíritu no se alimenta de títulos, ambiciones, ni placeres, no se vanagloria y tampoco necesita que lo aplaudan o lo adulen; como enseña la Biblia, el hombre necesita de «...*toda palabra que sale de la boca de Dios*», (Mateo 4:4).

Es allí, en esa confusión entre lo material y lo espiritual, donde residen muchas de nuestras insatisfacciones, desengaños y tristezas, y donde encuentro que esta obra puede incentivar a un despertar para quienes deseen restablecer esa conexión con su ser espiritual, como quien se prepara para encender y mantener por siempre su hoguera. Por eso, si todo lo que queremos es paz, es necesario que revaluemos en dónde la estamos buscando.

Agradezco la oportunidad que me ha brindado Luz Amparo Reyes para plasmar estos pensamientos inspirados en su obra. Me despido insistiendo en que cada segundo de nuestra vida es una oportunidad para ser mejores, y ser mejores es ser felices. En esa búsqueda de la felicidad lo primero que se asoma es el amor, y en el amor verdadero no está el miedo, sino Dios, y es en Él donde encontramos la paz.

Con *amor*,

PILAR VELEZ ZAMPARELLI

Antes de empezar

Las reflexiones que comparto en este libro surgen de un proceso de cambio interior a través de lo vivido, de crisis y de pérdidas, de errores y de aciertos, y de algunos momentos de iluminación, todo ello amalgamado en un deseo profundo de descubrir la paz y de encontrar respuestas sencillas en medio de lo complejo.

Con la aclaración de que religión y espiritualidad no son lo mismo, hay conceptos que todos conocemos pero que a veces confundimos o hemos olvidado, y que son independientes de cualquier credo, ya que lo espiritual es universal y no depende de la fe que profesemos. Con respeto hacia cualquier creencia, utilizo aquí algunas palabras con mayúscula cuando estas se refieren al Creador o a Dios, como es el caso del Amor Incondicional.

El deseo continuo de aprender me condujo a dos sistemas que me cautivaron y cambiaron mi vida: la Valoración Positiva, a través de su fundador Peter Fraile, que me enseñó a educar mi percepción para ver lo positivo de cada situación y de cada persona; y Un Curso de Milagros, que me ayudó a conocer el Amor Incondicional y a valorar la paz interior como el estado ideal de la existencia, y como el tesoro más valioso que quisiera tener jamás.

¿Quién no anhela llevar una existencia armónica y sin sobresaltos, vivir cada día con tranquilidad y sosiego, disfrutar de la vida? Sin duda a la mayoría nos gustaría llevarnos bien con los demás, sentirnos satisfechos con nosotros mismos, vivir con un propósito. Tener una familia estable, un buen trabajo, vivir sin preocupaciones ni incertidumbre, tener salud y estabilidad económica, todo ello nos da una sensación de paz muy agradable. Sin embargo, si permanecer tranquilos depende de esas condiciones, y si creemos que ese es el objetivo de nuestra vida, en realidad estamos hablando de una "paz condicional", no de paz interior.

Por años escuché a mi padre decir que todo en este mundo era vana ilusión y, si bien no lo entendí en su momento, con el tiempo llegué a comprenderlo. Recuerdo sus consejos de no dejarnos llevar por la vanidad y tener presente que el orgullo no era un buen amigo, ni tampoco la arrogancia y la soberbia. Le molestaba si se hablaba mal de alguien, decía que la gracia de la vida estaba en ayudar al prójimo y que no valía la pena disgustarse por simplezas, que nada era tan importante... Sus enseñanzas cobran cada vez más sentido para mí y, honestamente, creo que su legado fue enseñar a sus hijos el valor de vivir en paz. Ha tomado años aplicar sus consejos, pero a medida que pasa el tiempo se evidencia la sabiduría de sus palabras, y sobretodo de sus acciones. Hoy más que nunca doy gracias por ese padre que tuve, un ser humilde, de gran corazón y bondadoso como pocos: el "Dalai Lama" de mi vida, mi gran maestro. Un privilegio que agradezco.

Cuando entendí que cada experiencia puede convertirse en un paraje del cielo o del infierno según la manera como la asumimos, comprendí la importancia de prepararme para ser el conductor de mi vida, y de aprender a ser feliz. El timón emocional nos pertenece, y a cada momento ejercemos el libre albedrío para evitar o propiciar el conflicto y el sufrimiento. Y ese es el aprendizaje que quiero compartir en estas líneas, para recordar lo que ya todos sabemos, pero que hemos olvidado.

El lema "La paz interior te pertenece. Tú decides", fue el resultado de un proceso interno que viví hace varios años y que grabé en mi subconsciente. Con solamente haber percibido un destello de su luz, siento que la paz interior es, en efecto, no solo una decisión, sino el tesoro más grande que puede existir, y no quisiera cambiarla ni arriesgarla por nada ni por nadie. Si así lo entendiéramos todos, el mundo sería diferente. No haríamos nada que nos quitara la paz.

La contundencia de la frase que titula este libro, y que es tomada de los textos de Un Curso de Milagros, no da lugar a ambigüedades:

Todo lo que quiero es paz.

1 Para hablar de paz

> "Para tener paz, enseña paz
> para aprender así lo que es."
> Un Curso de Milagros, Pág. 119, Cap. V, 7:4

Comprendamos la causa del sufrimiento

La parábola bíblica cuenta que el hijo pródigo decide irse de la casa de su padre —allí donde tenía paz y seguridad— a conocer y experimentar el mundo exterior. Con el tiempo se involucra tanto en la experiencia que se olvida de quién es él en realidad, y termina deambulando, gastando su herencia y comiendo "comida para cerdos". Hasta que un día, cuando ha perdido amigos, juventud, ilusiones, posesiones, recuerda que tiene un padre y decide regresar a casa, allí donde es recibido con Amor Incondicional.

Esta es la historia de la humanidad y es nuestra propia historia. Existimos en Dios en un estado espiritual perfecto y seguro, hasta que decidimos encarnar en un cuerpo físico y empieza nuestra experiencia en la dimensión material, en el mundo de afuera, en la tierra. Así se repite la historia en cada uno de nosotros, hasta que un día recordamos nuestro verdadero origen y buscamos cómo regresar.

Nacemos en conexión plena con nuestra esencia espiritual, en un estado de paz interior y de percepción inocente, sin juicios y con la mente limpia. El bebé recién nacido no juzga si quien le cuida es pobre o rico, bonito o feo, ni siquiera si su cuna está limpia o no. El bebé siente amor, quiere estar bien, solo necesita sentirse protegido y seguro. Ese estado de paz interior y de ausencia de juicios dura por un corto tiempo, mientras brilla la luz del Amor Incondicional en su mente, en plenitud.

Pronto aparece el ego, un sistema de pensamiento inherente a nuestra condición humana. La mente limpia e inocente del bebé empieza a absorber información a medida que interactúa con el mundo exterior, a recibir lo que el mundo llama "conocimiento", a aprender valores y condicionamientos que lo llevan a razonar para procesar lo aprendido, a través de la experiencia. El ego empieza a crecer como un globo y a expandirse tanto que cubre la luz, y mantiene a la mente en la oscuridad, distraída con tanto aprendizaje: el niño pronto olvida su esencia espiritual, sin entender que todo lo que experimenta aquí es solo una ilusión temporal. Entretanto, su percepción inocente va cambiando a medida que la mente subconsciente construye sus propias creencias.

El ego nos promete ser felices si seguimos sus consejos, y le damos tal credibilidad que nos convence de que somos cuerpos, y de que este sueño —la vida terrenal— es nuestra realidad, a la cual nos apegamos sin control. Inconscientes le otorgamos todo poder para manipularnos y seducirnos con sus promesas de falsa felicidad.

Así, deambulamos errantes sin recordar nuestra verdadera identidad, ni a qué vinimos. Con la idea de ser entes físicos, vemos la vida desde la debilidad humana, y eso asusta a cualquiera. En el sueño tenemos pesadillas, estamos y nos sentimos solos, y necesitamos buscar ayuda afuera. No estamos conscientes de que con encender la luz sería suficiente, despertaríamos y veríamos que todo era un sueño. Aunque cada situación contiene una enseñanza para ayudarnos a despertar y recordar quiénes somos realmente, es el miedo —del ego sin control— el que nos lo impide. Y la mente sufre.

Así, la causa del sufrimiento somos nosotros mismos al haber permitido al ego apropiarse de nuestro sentido de identidad y atrapar a la mente en un estado de confusión, de donde parece imposible salir.

Identifiquemos el camino

Los seres humanos somos caminantes, viajeros en el tiempo, y vamos haciendo el camino al andar, como dice el poema de Antonio Machado. Viajamos siguiendo un mapa que nos muestra las dos rutas posibles para continuar el recorrido: la del mundo ilusorio —el sueño— donde el ego reina ofreciendo bienestar y felicidad material; y la ruta espiritual del

Amor —Amor Incondicional o Amor de Dios—, la cual nos conduce de regreso a nuestro verdadero hogar y a la paz que nos pertenece.

A cada instante elegimos el trayecto que hemos de seguir y así… hacemos el camino al andar. Todos queremos aprender a ser felices, pero al escoger la ruta del ego, en lugar de paz encontramos miedo; un mundo donde todo nace y todo muere, donde todo se diluye como el agua entre los dedos; donde todo es irreal, ilusorio, un sueño. Si escogemos la ruta del Amor, donde lo que existe es real e infinito, descubriremos la paz, nuestra herencia. Necesitamos encender la luz para recordar que esta es la única opción para regresar a casa, y que todo lo demás, el miedo, está solo en nuestra imaginación.

Sí, es así de simple. *Todo está en la mente…*

La voz del ego habla fuerte con las ilusiones del *yo, yo, yo,* de lo *mío, mío, mío,* y nos convence de que lo físico es real y durará para siempre. La mente, distraída en la oscuridad, le presta atención. La voz del Amor, en cambio, habla bajo, susurra desde nuestro interior aunque nos cuesta escucharla debido al ruido estridente del ego. Solo podemos oírla si estamos conscientes y enfocados en la paz que deseamos. "*El que tenga oídos para oír, que oiga*", dijo Jesús.

A cada instante escogemos la ruta a seguir. Necesitamos optar por aquella que elimine la causa del sufrimiento y cambiar nuestra historia, y la historia de la humanidad. La única manera de recuperar el rumbo es tomar consciencia, encender la luz e identificar con claridad el camino de regreso al Amor; quitar al ego el poder que le hemos dado y reconocer que sus promesas eran vacías y fuera de toda realidad.

Al ser dos rutas opuestas, cuando optamos por una, renunciamos a la otra. Es imposible escoger las dos: o vivimos en el miedo, o vivimos en el Amor. Cuando decidamos que todo lo que queremos es paz, lograremos recuperar el rumbo perdido, y la mente sanará.

Pero eso solo podemos lograrlo si tomamos la decisión, si asumimos nuestra responsabilidad de ser felices y aceptamos que *el Amor Incondicional es el camino*. Que Somos Amor.

Aclaremos conceptos

¿Quién es Dios, quiénes somos, qué es el ego, cuáles son los dos mundos que vemos, cuál es nuestro propósito en la tierra, qué es la felicidad? Son preguntas que nos hacemos de manera permanente, tratando de entender mejor la vida y el sentido de todo esto. Lograr las respuestas es esencial si queremos avanzar espiritualmente aclarando que, más que conceptos, son verdades que nos muestran que somos aves de paso volando hacia la luz.

El reto consiste en recordarlo para empezar a ver la vida de otra manera. Aceptar que estamos en el escenario perfecto para amar y aprender a ser felices, para evolucionar y dar lo mejor de cada uno. Hasta que un día logremos mantener nuestra paz interna a pesar de las circunstancias físicas, las cuales seguirán siendo el gran desafío, por siempre. Ese día seremos libres.

Comprender que todo está en la mente aclara que es en ella donde debemos trabajar para sanar y recuperar la paz. Solo cuando aceptamos que nadie nos hace daño sino que nos dañamos nosotros mismos, que nuestro valor no lo definen los demás, que el juicio y el rencor son un veneno que nos contamina, que el drama está en la cabeza y que el apego es una cadena que no nos deja avanzar, comprenderemos que hemos estado siguiendo la ruta equivocada tratando de ser felices. La buena noticia es que siempre podemos volver a escoger.

¿No es maravilloso?

La propuesta

Todo lo que quiero es paz es una afirmación hermosa y contundente que aprendí de Un Curso de Milagros, que trato de aplicar en mi vida diaria y que espero honrar en este escrito. Si se analiza en detalle, es la decisión de cuidar la armonía por encima de todo, a pesar de los incansables intentos del ego por distraernos. Es el faro que nos guía para no perder el rumbo, y que nos recuerda que en la luz fluimos, mientras que en la oscuridad tropezamos y caemos. Nos compromete a enfocarnos en la paz, a responsabilizarnos de procurar la armonía, de renunciar al drama sin sentido y de disfrutar la vida en su real dimensión.

Todo lo que quiero es paz es una decisión de vida, no un deseo egoísta ni individual. Significa que lo que más deseo es paz para todos; paz en cada corazón, en cada hogar, en cada pedacito de campo o de ciudad; paz en cada ser humano, en cada anciano, en cada padre, en cada hijo, en ti, en mí. Paz en cada ser. Al tomar la decisión se produce un milagro, empezamos a ver la vida de otra manera y a vivir la experiencia del Amor Incondicional.

Esa es la propuesta.

2 Dos Rutas, un Camino

Somos espíritus en tránsito, que buscan regresar a su estado inmaculado y perfecto.

La ruta del miedo

¿Has estado alguna vez en un salón oscuro? Trataste de encontrar la luz, y quizá tropezaste con objetos mientras tratabas de adivinar lo que había en la habitación. Y cuando pasaron los minutos te empezó la angustia, pues al no ver la salida ni encontrar el interruptor, llegaste a imaginar lo peor. Así vamos por la vida cuando vivimos desde el miedo, en completa oscuridad. En ese estado damos "palos de ciego", tropezamos y caemos, angustiados actuando desde nuestra debilidad humana; convencidos de que las tinieblas son algo normal, acostumbrados a ellas, condicionados a vivir sin luz. Al pensar bajo la lógica del ego nos volvemos individualistas y reaccionamos a la defensiva y de manera emocional, hábitos muy difíciles de eliminar. Actuamos en modo automático sin siquiera percibirlo, como robots, con comportamientos aprendidos que defendemos como si fueran parte de nuestra identidad, viendo amenazas y ataques por doquier. Vivimos una ilusión, un sueño de penumbras, un mundo imaginario que parece... ¡tan real!

La oscuridad no tiene características físicas por sí misma ya que es simplemente la ausencia de la luz, y desaparece cuando esta se enciende. Pues bien, el miedo no es otra cosa que la ausencia del Amor y se disipa cuando este aparece, aunque le hayamos dado todo el realismo en nuestra mente. Imagino a nuestro subconsciente como un niño asustado ante los monstruos que hemos inventado para darle sentido a ese mundo de penumbra: el drama, el egoísmo, la victimización, el egocentrismo, la ambición, la envidia, la crítica, el juicio, el resentimiento, la ira, la apariencia, la vanidad, la hipocresía, y muchos, muchos más. Y, como el ego sabe que al encenderse la luz él y su miedo desaparecen, ¡hace todo lo posible para que no lo hagamos! Ese es el temor del ego, que recordemos que hay otra ruta, esa es la amenaza que le aterra. Al saber que su destino es desaparecer, el ego se aferra a lo que puede, creyendo que de esa manera puede evitarlo y vencer su temporalidad. ¡Qué absurdo! Así es como generamos los apegos al cuerpo, a las creencias, al bienestar, a los placeres, a las personas y a las cosas. Tendemos lazos de dependencia emocional que nos encadenan tanto que nos cuesta mucho aceptar que todo ello dejará de existir, queramos o no. De allí nuestra resistencia a la muerte y al paso del tiempo, y a los cambios inevitables del trayecto.

Desde pequeños hemos creído que somos este cuerpo, lo que pensamos, lo que hacemos, e incluso lo que tenemos. Nuestra identidad ha estado basada en lo inestable, en un terreno movedizo que exige gran esfuerzo emocional y mental para mantenernos a flote, tanto que a menudo nos duele la vida, nos duele el alma, y sentimos que no podemos soportar más los monstruos aterradores que nosotros mismos hemos fabricado y que tratan de hundirnos. Nos enamoramos de las posesiones y de las posiciones, frustrados porque perdemos el control, enojados si no ganamos las discusiones o cuando no se reconoce que "tenemos la razón". Reaccionamos a las circunstancias sin ver su propósito trascendente, ni su enseñanza. Con las emociones en máximo volumen el viaje no es muy prometedor, la ruta intimidante. Todo nos afecta, nos sube o nos baja de ánimo, nos alegra o nos deprime, todo nos controla aunque todo lo queremos controlar...

Suena dramático... ¡pero es así! Todo esto lo hemos alimentado desde siempre en el subconsciente y ello hace más difícil controlar nuestra reactividad emocional. Nos dejamos afectar por la forma de ser de los demás, por la envidia, por las comparaciones, por el pasado, por el miedo al futuro, por la angustia ante la incertidumbre, por el temor a la vejez y a la muerte, incluso por la ilusión de la fama y del éxito... Reaccionamos a lo externo, a los eventos diarios, a todo lo de afuera. Y olvidamos lo que sucede en nuestro interior.

Sí, esta es una ruta tenebrosa y muy activa a la vez. Es agotadora, pues no solo llevamos a cuesta las pesadas cadenas del apego y de la dependencia, sino que de un momento a otro el paisaje que creíamos hermoso se torna oscuro, y lo que parecía un paraíso, se vuelve un infierno. No sabemos cómo manejar el estrés ante los cambios, ante lo inesperado, ante las noticias que no llegan, ante una relación que se acaba o un hijo que sufre, ante un negocio que se pierde o un amigo que traiciona, ante una enfermedad que no avisa o ante la felicidad que nunca llega y que se torna inalcanzable...

Parece apocalíptico, ¿verdad? Lo es... si creemos que la vida es eso, una existencia física material sin trascendencia alguna. Lo es... si nos resistimos a aceptar que esto que hoy vivimos es temporal, un simple sueño al cual no deberíamos darle tanto realismo y tanto drama. Si desde pequeños hubiésemos comprendido que la felicidad viene del Ser, no del hacer ni del tener, que vinimos a amar y no a sufrir... si no hubiésemos aprendido a fabricar fantasmas y monstruos imaginarios, podríamos seguir siendo como niños: inocentes, desapegados, unidos, despreocupados y felices, y viviríamos sin duda en un mundo mejor. No le daríamos realismo a la ruta emocional del ego y del miedo.

La ruta del Amor

A decir verdad, el camino del miedo no es algo que me invite a ser feliz y creo, sin temor a equivocarme, que estás de acuerdo conmigo. Por ello te pregunto, ¿Y si damos una mirada a la otra alternativa? ¿Si miramos la ruta del Amor con más atención y tomamos la decisión de caminar por ella para vivir de modo diferente, recordando que somos seres espirituales y no cuerpos?

¿Qué tal si tratamos de ver la vida de esa manera? Pensémoslo bien… un mundo de armonía y paz suena bastante atractivo. Incluso, a medida que avanzamos, llegaremos a comprender que es más fácil, más estable y simple a la vez. Tiene una música de fondo diferente, con paisajes inspiradores y tranquilos, sin cambios intempestivos, sin monstruos aterradores ni dramas innecesarios…

"Me gusta pensar que mi camino es hacia Dios y el cielo, da sentido a mi vivir, me entusiasma y me alegra, a la vez me llena de paz, de bondad y de amor." Peter Fraile

Amor Incondicional es, como su nombre lo indica, *un Amor sin condiciones*. Encierra toda expresión o tipo de amor que conocemos, sin limitarse a ninguna en particular. Es total, es infinito. Su sendero nos está esperando, a ti, a mí, a todos, en cada paso que damos, a cada instante que vivimos. Es cuestión de tomar la decisión consciente y escogerlo para comprobar que el Amor es el único que nos permite viajar livianos de equipaje, haciendo más estable y placentero nuestro transitar. Lo mejor de todo es que, una vez decidimos seguirlo, se activan la paz y el discernimiento, y ello hace que continuemos con serenidad nuestro recorrido, pues finalmente sentimos un destello de esa paz que no es de este mundo, como lo dijo Jesús. Pronto comprendemos que la paz interior sí es posible y que es el más preciado tesoro que podemos jamás alcanzar, tanto que no queremos perderlo nunca más. Y así, nos invade un deseo intenso de regresar al Amor, de volver a casa. Todo lo que queremos es paz.

Visión material vs. Visión espiritual

Todo cuanto vemos está en nuestra mente.

Desde allí proyectamos una película, dándole características según nuestras creencias y los lentes que usamos, negativos o positivos, llenos de ego o plenos de Amor. La manera como lo hacemos es lo que le da realismo al sueño. Así vemos la vida, por eso lo que nos decimos a nosotros mismos es tan importante.

¿Qué vemos materialmente? Cuerpos separados con identidades individuales, cada uno viviendo su propia "realidad". Estructuras que lucen diferentes, trabajando, queriendo alcanzar sueños, saber más, tener más. Todos tratando de sobrevivir en un mundo de carencia, donde para que unos ganen otros tienen que perder, donde hay vencedores y vencidos.

Si bien los ojos del cuerpo ven las apariencias físicas, el juicio nos lleva a interpretarlas de manera diferente: lo que a unos les parece bien, a otros les parece mal; lo que para unos es bello, para otros no lo es; lo que a unos les gusta, a otros les disgusta; lo que a unos hace felices, a otros les causa dolor. Se desarrolla la percepción —la sensación interior de cada uno— que da lugar a la interpretación según nuestras creencias y experiencias, y según nuestro rol específico en cada situación.

¿Cómo ponernos de acuerdo?

Ver la vida con los ojos del alma significa activar la visión espiritual que da claridad al encender la luz que diluye el juicio y el miedo. La intuición cobra fuerza, haciendo que fluya el espíritu de Dios en nosotros y que desplace las formas tangibles a un último plano. Trascendemos al ver más allá de ellas y leemos el verdadero significado de las experiencias. Es entonces cuando, en la claridad, ya no hay diferencia entre lo que tú y yo vemos, porque el Amor Incondicional es unidad. La diferencia se disipa.

La visión espiritual nos permite ver lo bueno en cada uno y en todos, y actuar con benevolencia, una condición intrínseca del Amor Incondicional. Amar y desear lo mejor sin filtros ni condiciones, sin dejar a un solo ser por fuera.

Dejar de fijarnos en cómo lucen las personas para leer en ellas el alma, su sentir, nos libera del juicio. Abstenernos de juzgar sus actuaciones y entender en cambio sus miedos y sus angustias, ver con compasión su necesidad de Amor, su soledad, nos permite trascender en nuestro propósito de vida. Dejamos la actitud defensiva y nos habituamos a comprender al otro, a ayudar y a servir.

Nos dedicamos a sentir.

3 Dios, Amor Incondicional

"El amor es Dios, y Dios es amor".
Albert Einstein

Somos parte de una totalidad a la cual algunos llaman Dios, otros Creador, Amor Incondicional, Energía Universal. El nombre que le demos es lo de menos, las etiquetas no cambian la intención ni definen el concepto. Lo importante es que al hablar de Él, todos nos referimos a lo mismo: un Ser Perfecto, Todopoderoso, Eterno, Total, Atemporal e Inagotable, que integra todo cuanto existe. Sin embargo, la humanidad aprendió a percibirlo como una persona, y desde ese punto de vista lo imagina afuera, un ser que vive en alguna parte. Esta es una forma limitada y confusa que nos impide comprender a Dios en Su total dimensión y en Su verdadera naturaleza.

Dios no se define, Dios se siente.

Pensemos. No podemos definir a Dios, pero podemos sentirlo como la única energía todopoderosa, perfecta y amorosa que podrá existir jamás. Y esa maravillosa energía es total, no puede ser parcial. Dios es la creación misma que integra todo cuanto hay: inocencia, paz, verdad, luz, pureza, bondad, compasión, tolerancia, paciencia, amor, y toda expresión amorosa que podamos imaginar. Dios es Totalidad y Su naturaleza es el Amor Incondicional.

Imagino a Dios como el Padre amoroso que ama a su hijo sin condiciones. Él nos protege y acompaña en todo instante porque existimos en Él. Si todo lo bueno, lo perfecto e inmutable proviene de Él, y somos hechos a Su Imagen y Semejanza, si somos Su esencia, somos entonces inocentes. Esta idea es muy importante y reveladora: ¡Tenemos derecho a la inocencia!

La buena noticia es que tenemos un Padre al cual pertenecemos. Al igual que el hijo pródigo, podemos recordar que venimos de un lugar de paz y a él podemos retornar en el momento en que así lo decidamos. En lugar de comer "comida para cerdos" en un mundo materialista y lleno de decepciones, podemos regresar a nuestro verdadero hogar, allí donde ese Padre nos espera amorosamente, aunque nos hayamos equivocado. Y con esa seguridad podemos escoger esta vez la ruta correcta.

La vida está llena de instantes, y podemos hacer de ellos *momentos de paz* para conectarnos con nuestra luz interior, allí donde radica el recuerdo claro de nuestro origen, allí donde sentimos nuestra esencia espiritual. Cuando cerramos los ojos y nos aislamos del ruido, cuando comprendemos los sonidos del silencio sin que los sentidos del cuerpo nos interrumpan, nuestro Yo interno surge y se activa la parte de la mente donde reside el recuerdo de Dios. Sentimos Su Presencia y recordamos. Te invito a hacer una pausa, cada vez que puedas, para vivir un instante de inspiración y escuchar la voz interna que te recuerda que todo lo que quieres es paz. En este libro presento algunos de esos instantes de reflexión, alimento para el alma y para la mente.

INSTANTE (1) - Con los ojos del alma

Escucha el silencio
las olas del mar
el canto del pájaro
sin juzgar, sin distraerte con las formas.
Esa es la verdadera visión.
Cuando cierres los ojos
siente que no eres un cuerpo
sino un ser espiritual, esencia de Amor.
Un ser que es uno con Dios
parte de Él.
Siente y acepta quién eres en verdad.
Luz, alma, percepción inocente.
Siente a Dios, que es totalidad
y que está en ti.
Aquí, ahora, siempre.

Este sentir nos da plenitud porque nos sentimos seguros, en armonía con la vida y con la existencia misma. Nos libera del miedo de ser un cuerpo que envejece y enferma. Nos vuelve livianos porque ya no sentimos esa necesidad de complacer a medio mundo, de cumplir expectativas, tampoco de lograr imposibles. Y actuamos más tranquilos, valoramos la calma y la cordura como nunca antes. Nos volvemos menos emocionales y más profundos, menos reactivos y más amorosos.

No hablo de dejar de soñar ni de dejar de vivir. Por el contrario, hacerlo más conscientemente, sintiendo la vida en su verdadera profundidad, disfrutando el aquí y el ahora, sin miedos ni apegos innecesarios que no nos dejan avanzar. La visión espiritual nos permite sentir el Amor Incondicional y su vibración especial, donde lo físico pasa desapercibido porque en él nada denso tiene cabida. Nos conectamos con Dios, a Quien es imposible sentir en plenitud desde el miedo. En este estado espiritual es donde podemos descubrir nuestra paz interior.

INSTANTE (2) - Dios en ti

No afuera, no en otra parte.
Dios sin tiempo ni espacio, eterno Presente.
Aquí, en ti, ahora, en este y en todo instante.
Nunca estás solo.
Siempre has estado, y estarás, dentro de Dios.
Aunque a veces lo hayas olvidado.

Un Curso de Milagros, Pág. 447, Lección 242, 2:1-6

"Este día se lo dedico a Dios. Es el regalo que le hago. Y así, ponemos este día en Tus manos. Venimos con mentes completamente receptivas. No pedimos nada que creamos desear. Concédenos tan solo lo que Tú deseas que recibamos. Tú conoces nuestros deseos y necesidades. Y nos concederás lo que sea necesario para ayudarnos a encontrar el camino que nos lleva a Ti."

Un Curso de Milagros, Pág. 441, Lección 232, 1:1-5

"Padre mío, permanece en mi mente desde el momento en que me despierte, y derrama Tu Luz sobre mí todo el día. Que cada minuto sea una oportunidad más de estar Contigo. Y que no me olvide de darte las gracias cada hora por haber estado conmigo y porque siempre estás ahí, presto a escucharme y a contestarme cuando te llamo.

Y al llegar la noche que todos mis pensamientos sigan siendo acerca de Ti y de Tu Amor. Y que duerma en la confianza de que estoy a salvo, seguro de Tu cuidado y felizmente consciente de que soy Tu Hijo."

En el silencio Dios nos habla

Hay días que sentimos algo raro en el ambiente. A veces sentimos la necesidad de retirarnos un poco, de reflexionar... ¿Qué estamos haciendo con nuestra vida, por qué el ser humano se empeña en sufrir y hacer sufrir a otros, qué hacer ante tanta inconsciencia?

Es entonces cuando debemos estar alerta, el ego tratará de saltar a escenario y darnos su consejo… En días así debemos acudir a nuestro maestro interno y disponernos a escuchar la voz de Dios primero, la cual nos anima y nos consuela, nos dice que no estamos solos y que no tengamos miedo.

Nos invita a mantener la certeza de que todo sucede por una razón, y de que cada situación trae consigo una enseñanza, aunque a veces nos resulte difícil comprenderlo; que el Amor Incondicional nos protege para no ser engañados por el miedo que nos acecha.

En el silencio Dios nos habla. Nos susurra con voz amorosa, suave, calmada. Nos habla desde dentro, sin distraerse con lo que hay afuera. Nos habla quedamente para decirnos cuánto nos ama, para recordarnos que Él pacientemente nos espera en casa. Escuchemos Su voz —que algunos llaman Espíritu Santo y otros iluminación— para que, desde Su sabiduría, nos ayude a ver las cosas de otra manera.

INSTANTE(3) - Dios es aquí, ahora

Un aquí que no tiene dimensión física, que no es espacio.
Un ahora que es el Eterno Presente, Infinito, que no es tiempo.
Un Dios que es Amor Incondicional, atemporal, eterno, sin dimensiones limitantes.
Un Dios que no se va, que no está afuera.
Un Dios que está en ti y en mí, presente por siempre.
Dios, Totalidad, Amor Incondicional, te siento aquí.
Eternamente presente…

Sentir a Dios

Con solo desearlo logramos comunicarnos con Dios. En este mundo agitado, lleno de ruido y distracciones, todos necesitamos momentos de recogimiento y de calma. Somos bombardeados con tanta información y con tantos eventos que suceden a cada instante, que debemos tranquilizar a la mente para poderla controlar amorosamente y no dejarla a merced del caos y el estrés.

La meditación es una práctica milenaria que procura el silencio, el recogimiento para escuchar, para activar el espacio interior y mantener despierta la consciencia de nuestro verdadero Yo.

Meditar nos permite conectarnos con el aquí y el ahora, donde nuestro maestro interno nos espera para guiarnos hacia el mundo interior, allí donde se encuentra nuestro verdadero hogar. Allí donde las palabras se dejan de escuchar para darle paso al sentir. Allí donde no hay espacio ni tiempo, donde no hay pasado ni futuro, donde solo habita el Amor Incondicional en un estado de plenitud que no se puede describir.

Pienso que esta conexión con nuestro Ser interno es lo más parecido a sentir a Dios. Tomar una posición cómoda, cerrar los ojos o contemplar un punto fijo, respirar profunda y lentamente para sosegar y relajar al cuerpo y sus células, es un ejercicio que deberíamos hacer varias veces al día. Esa sola disposición de hacer un alto para respirar y desconectarse del ruido exterior es de gran beneficio para la mente, y para nuestro organismo.

Un Curso de Milagros habla del *instante santo*, que es un momento de destello de la consciencia. Allí donde sin espacio ni tiempo percibimos ese punto infinitesimal e infinito de nuestra mente donde reside el recuerdo de Dios, sentimos Su Presencia y vivenciamos, aún por un instante, Su paz. Es entonces cuando se produce el milagro del Amor Incondicional manifiesto en amar todo cuanto existe, y en activar la bondad y la compasión como un estado indescriptible de plenitud.

Técnicas como la oración, la respiración consciente, el silencio, la meditación en sus diferentes formas, la contemplación, el yoga, nos permiten sentir a Dios dentro de nosotros y confirmar que es posible sentir una paz que este mundo de algarabía continua y de ruidos incesantes no nos puede dar.

El Amor de Dios es suficiente

Y… ¿qué nos dice el ego hoy? Quizá nos invita a reaccionar porque un hijo no hace lo que queremos, quizá a enojarnos ante algo injusto. Quizá sentimos rabia porque las cosas no nos salen bien y necesitamos desahogarnos con alguien. Quizá nos llenamos de miedo ante las noticias y buscamos un culpable, asumimos y juzgamos para justificar lo que sentimos.

Es en estos momentos cuando necesitamos hacer una pausa, respirar y pedir sabiduría para escuchar la voz de Dios que nos recuerda, una y otra vez, que dejemos la prepotencia y la angustia, que confiemos y seamos coherentes. Que vivamos la vida con calma, ¡dejar de crear un infierno en la mente! Y,

si lo pensamos bien, ¿no es suficiente que tengamos a Dios? Toda situación que nos altera es la oportunidad de sosegarnos y tener fe, porque la paz es todo lo que queremos.
¡Solo el Amor de Dios nos protege!

INSTANTE (4) - Te pertenezco

Dios, en Ti deposito hoy mi esperanza
confío en Ti y en tu eterna bondad.
Lo que estoy viviendo tiene una razón
que no alcanzo a entender
pero Tú sí, y eso me basta.
Te escucho quedo, te escucho en mi interior
escucho Tu sonido, Tu Amor por mí.
Te siento.
Gracias Dios por la certeza
de que estoy en Ti y estás en mí
te pertenezco, no estoy solo.
Gracias por tu Amor Incondicional.
En Ti deposito hoy, Dios, toda mi esperanza.

Al igual que un barco, todos queremos navegar en libertad y permanecer seguros a la vez, sin perdernos en el mar inmenso de la vida que a veces nos sacude embravecido. Todos tenemos un ancla y podemos utilizarla cuando la necesitamos: el recuerdo de Dios, que jamás nos abandona.

INSTANTE (5) - De Ti dependo

Cuando renuncio a juzgar, a criticar
a fijarme en la paja del ojo ajeno;
cuando libero resentimientos y rencores
y me dejo llevar por mi intuición
es cuando rompo las cadenas del ego
y fluyo dentro de Dios.

Cuando renuncio a identificarme
con mis ahorros en el banco
con las posesiones
con los títulos y los logros
con la apariencia transitoria
es entonces cuando decido ser libre.

Dependo de Dios, que es mi totalidad
esa es mi verdadera libertad.
Ese es mi libre albedrío
reconocer que soy parte de Él.
Reafirmo que soy libre
y siento el alivio en mi mente
libero los miedos y suelto las cargas
al reconocer con humildad
que dependo de Dios.
Él está a cargo.
Soy libre.

4 Somos Seres. Seres Humanos

"No somos seres humanos con una experiencia
espiritual; somos seres espirituales viviendo
una experiencia humana transitoria".
Pierre Teilhard de Chardin

Los seres humanos somos un ecosistema de *alma, mente y cuerpo*, tres planos existenciales que necesitan estar alineados para llevar una vida plena. El *alma* es de naturaleza espiritual; la *mente* nos conecta con Dios y a la vez con el mundo físico; y el *cuerpo* es nuestro instrumento de comunicación en este plano terrenal. Somos como un iceberg, cuya parte exterior convive afuera, pero su esencia permanece firme en la profundidad del océano. Eso somos.

Si interiorizamos la afirmación de Pierre Teilhard de Chardin, se activa nuestra *memoria espiritual* al comprender que somos mucho más que cuerpos destinados a morir. Alcanzamos la alegría del Ser —como lo afirma Eckhart Tolle en su definición de la felicidad— y renovamos nuestra fe gastada. Sucede un despertar de la consciencia y nuestro Yo interior cobra una dimensión presente en nuestra mente.

Seres

Antes que humanos somos seres, somos alma. Energía pura, espíritu de Dios, creados a Su imagen y semejanza. Somos como Él, Amor Incondicional. Nuestra esencia es inocencia, paz, luz, pureza, bondad, compasión, tolerancia, paciencia, amor, y toda expresión de Dios. Cuesta mucho aceptar que somos inocentes, pues desde siempre nos han dicho todo lo contrario: que somos un cuerpo pecador. Por eso es importante trabajar este concepto del Ser, de nuestro verdadero Yo, que a ratos nos resulta complicado de aceptar y comprender. Estas reflexiones van dirigidas a esa parte de tu mente donde Dios reside: le hablan a tu alma, a tu maestro interno, a tu verdadero Ser.

Se produce un cambio de perspectiva al comprender que somos el Yo que habita el cuerpo, y ello nos traslada de la creencia en lo meramente físico a la *consciencia* de lo espiritual: recuperamos el sentido de identidad y de pertenencia que habíamos olvidado. Con esta claridad empezamos a aceptar nuestra verdadera naturaleza. Somos el alma y nuestra esencia es de Dios. En esta consciencia radica nuestra paz.

Imagina una pecera que contiene todo cuanto existe, y tú eres el pez. ¿Podrías vivir fuera de ella? ¿Podría alguien vivir fuera de la totalidad? Es imposible, ¿verdad? Con esa idea comprendemos que no puede existir nada ni nadie fuera de Dios. Todos sin excepción, tú y yo, tu ser y mi ser, somos peces en la pecera. Nos guste o no, formamos parte de Él, somos un pedacito de Él y a la vez Él está en nosotros. Es necesario repetirlo una y otra vez, hasta que lo incorporemos plenamente en la mente y se arraigue en nuestro subconsciente.

No hay un solo sitio ni un solo instante en que estemos fuera de Dios, o sin Dios, porque eso es imposible. Estar dentro de Él es existir en Él.

INSTANTE (6) - En Dios

Existo dentro de Dios,
estoy incrustado en Él.
Soy un ser de Dios.

Humanos

No levitamos. Como humanos, tenemos un cuerpo, y nuestro Yo, el alma, lo habita para comunicarse en el plano físico. Yo lo llamo *el vestido* que usamos temporalmente hasta que ocurre la mudanza, como lo dijera el poeta argentino Facundo Cabral. Con la idea equivocada de que somos el cuerpo hemos deambulado sin recordar por qué ni para qué estamos aquí. Nos angustia la vida y vivimos en modo resignado esperando la inevitable "condena a muerte". Y en ese estado de debilidad acudimos al ego como nuestro salvador, como si en él fuese posible la paz...

Los cinco sentidos nos permiten palpar el mundo físico y alimentan la ilusión material. Si los dejamos a merced del ego, nos distraen tanto que olvidamos que el cuerpo es solo el coche que conducimos en la autopista de la vida. ¿Quién conduce el coche? El Yo, el alma. Confundidos, hemos creído ser el coche y no el conductor del mismo. Suena repetitivo, pero… ¡es tan importante comprenderlo! Recuperamos la paz y nuestro sentido de identidad al dejar de creer que somos un nombre, una figura, una raza o el rol que desempeñamos. Recuperamos la paz al aceptar que somos el Yo, el alma, el conductor.

A ti te hablo, ser espiritual. A ti, alma, que habitas un cuerpo por un tiempo nada más.

INSTANTE (7) - Almas

Tú y yo, alma
tú y yo, paz
tú y yo, esencia de Dios. Amor Incondicional.

INSTANTE (8) - Eres luz

Eres luz aunque lo hayas olvidado.
Aunque quieras sufrir por el drama en tu mente
aunque fabriques fantasmas imaginarios
e insistas en volverlos realidad;

aunque creas que me puedes dañar
eres luz, sigues siendo luz
hoy y siempre...
Eres luz aunque lo hayas olvidado.
Mi función es recordarlo y no caer en tu sueño
seguir viendo tu alma limpia, dulce, inocente
y conservar así mi paz y mi cordura
hasta lograr, un día
que recuerdes quién eres en verdad...
Eres luz
eres luz aunque lo hayas olvidado.

INSTANTE (9) - A imagen de Dios

No en lo material, que es imperfecto, porque Dios es perfecto.
No en lo aparente, que cambia, porque Dios es inmutable.
No en lo corporal, que es mortal, porque Dios es eterno.
No en nuestra debilidad, porque Dios es todopoderoso, fortaleza
infinita.
No en nuestro ego, porque Dios es luz, no oscuridad.
A imagen de Dios.
En Su esencia de Amor, en la paz que no es de este mundo,
en la consciencia.
En la percepción inocente, en la inocencia misma,
en la benevolencia.
En la compasión, en la bondad, en la ausencia de juicios.

Si vivimos esclavos de las apariencias, del cuerpo y del dinero, presos de la ambición y los apegos, estamos negando nuestra esencia espiritual y actuando como cuerpos, ego inconsciente. La paz que sobrepasa todo entendimiento prevalece al dejar de ver este sueño como algo real, sin darle tanto valor a lo material, al dejar el hábito de juzgar, al ver en el otro su verdadera esencia; al agradecer, al amar de verdad.

¿No es mejor confiar?

Eliminar la zozobra y el miedo innecesarios, y caminar con seguridad de ir por el sendero correcto. ¿Qué nos puede dañar si estamos con Dios, si vivimos en Él?

Cuando no hay miedo dejamos de estar prevenidos, de sentirnos amenazados, de sentir que nos van a hacer daño alguno. Cuando no hay miedo somos nosotros mismos, no tememos abrazar y decir palabras amables, no tememos amar y valorar a los demás. Cuando no hay miedo, sentimos paz de verdad.

INSTANTE (10) - Eres mucho más

No eres tu acta de nacimiento
tampoco tu cédula de identidad.
No eres unos ojos, ni una piel hermosa
ni lo que crees, ni lo que piensas.
Eres mucho más.
No eres tu edad ni la religión que profesas
ni tus éxitos ni tus fracasos, ni tu posición.
No eres tu profesión, ni tus viajes y experiencias
ni eres tu nombre, ni tu familia, ni tu raza
ni lo que opinas ni lo que piensas.
Eres mucho más.
No eres tus miedos, ni los fantasmas en tu mente
tampoco tus caídas ni los errores que te mortifican.
No eres el dolor que llevas en el alma
ni las lágrimas que has derramado.
No eres la historia que has escrito o que te has inventado.
Eres mucho más.
El ego grita sin control
tratando de evitar que recuerdes que eres Ser.
Su voz te incrimina porque a veces eres débil
y te alaba cuando todo sale bien.
Te sube y te baja como si fueses él.
Eres mucho más.
Eres energía pura
ondas que viajan sin dimensión que las limite.
Eres parte del Ser Eterno y Perfecto que Dios es.
Eres luz, eres alma, eres Amor Incondicional.
Y eso te hace inmortal
libre por siempre.

Aceptémoslo

Aceptar nuestra naturaleza espiritual nos libera. Ver la muerte física como un simple proceso de regreso a nuestro hogar nos hace comprender la verdad que trasciende todo esto, y podemos ver la vida con alegría, con seguridad, desde una dimensión diferente. Educar a la mente es la mejor inversión para una vida plena y sin miedo. Cambiamos nuestra manera de vivir.

Surge entonces una sensación de sosiego hasta ahora desconocida. Valoramos toda experiencia como una oportunidad para aprender algo nuevo y eliminamos el drama al que estamos habituados. Controlamos el volumen de las emociones, las mantenemos en el umbral de la paz, y actuamos desde la calma y la cordura.

Esa sabiduría emocional nos ayuda a crecer espiritualmente e ignorar al mundo que nos seguirá invitando a quejarnos, a culpar, a juzgar, a actuar desde la perspectiva humana. Los momentos difíciles de la vida se convierten en oportunidades para vencer los miedos, para cultivar la fe y mantener la certeza de que todo está bien en el plan universal. Seguiremos trabajando por los sueños sin ansiedad ni angustia, y detrás de cada crisis o experiencia dolorosa veremos lo que debemos aprender.

Se trata de ser mejores seres humanos cada día. De superar nuestros temores y miserias, de crecer, de evolucionar y acercarnos cada vez más al niño interior, al ser inocente que somos. A la vez, cuidar al cuerpo y honrarlo como la obra de

Dios, recordando que es una herramienta de comunicación que debemos apreciar y agradecer. Ejercitarlo y nutrirlo adecuadamente, sin idolatrarlo, darle salud a través de una mente positiva y costumbres sanas. Sin esclavizarnos de los cinco sentidos ni de los caprichos del ego, sin perder de vista nuestra esencia real.

Educar a la mente es la mejor decisión para cuidar el ecosistema que somos mientras dure este recorrido. Ya lo tenemos claro.

Somos Seres. Seres Humanos.

INSTANTE (11) - Amor Incondicional

No te dejes engañar.
Lo que ves en el espejo es una ilusión
Eres cada sonrisa, cada abrazo
cada oración sincera.
Eres el amor que ofreces
la armonía que extiendes
la paz que compartes.
Esa es tu verdadera identidad.
Amor Incondicional.

Gotas de Dios

Imaginemos a Dios como el océano infinito. ¿Tiene sentido pensar que somos las gotas que lo conforman? A mí me parece que sí, que somos parte de Él, parte del Todo. ¿Podría haber una diferente a la otra? ¡Claro que no! Todas las gotas iguales, hechas de la misma composición y los mismos elementos, todas una sola energía, todas a Su imagen y semejanza, la misma esencia del Amor Incondicional que Él es, aunque nos cueste trabajo aceptarlo.

Y al ser uno con Dios, somos uno con todos: nuestra energía no puede dividirse ni separarse. Somos unidad y lo seremos por siempre jamás. Y por eso mi hermano, el otro, es mi espejo, mi reflejo. En efecto, lo que le hago al otro me lo hago a mí mismo, y viceversa. Amarme es amarte, odiarme es odiarte, porque tú y yo somos uno.

Todos parte de Dios. Todos uno. *Todos paz.*

INSTANTE (12) - Tu vestido, mi vestido

Caminas junto a cuerpos
habitas con cuerpos.
Los sientes, los buscas…
los abrazas, los contemplas
los amas, los acaricias.
Sin cuerpos junto a ti te sientes solo
a veces perdido.

Te deprimes si no están en tu espacio
y en tu tiempo.
Sientes que sin cuerpos no hay día
ni alegría.
Ves cuerpos y con ellos
llenas tu existencia…
Un día inevitable parten
y recuerdas que estaban de paso.
Despiertas de tu sueño y comprendes
que eres esencia, alma
que tu cuerpo es el vehículo que conduces
el traje que llevas
por un tiempo nada más…
¿Y los demás? ¿Cuerpos ilusorios también?
Los demás, conductores como tú
esencia como tú, luz como tú.
Los cuerpos separados son una ilusión.
Somos seres unidos en Dios.
Todos alma en la Mente de Dios
como tú.
Tu vestido, mi vestido
no nos pueden engañar.
Todos un mismo espíritu.
Amor Incondicional.

Parece tan real que somos diferentes...

Tu color de ojos, tu pelo, tu nacionalidad. Tu manera de pensar, tus creencias, incluso tu historia, tan diferentes de las mías... Eso que parece tan distinto es solo un espejismo. Necesitamos romper los paradigmas de la separación y las diferencias, necesitamos despertar y reconocer que todos somos un mismo espíritu, almas habitando cuerpos. Esencia espiritual.

Nuestros cuerpos tienen la misma estructura, sin importar nacionalidad ni clase social. Todos respiran el mismo aire, y tienen las mismas emociones y necesidades. Todos con los mismos cinco sentidos, y la maquinaria y sus órganos funcionan de la misma manera. Todos queremos ser felices, ninguno desea sufrir, como lo afirman los budistas. Todos un mismo sentir.

Las diferencias materiales son un sofisma de la mente; las diversas opiniones y puntos de vista no hacen que quien piensa distinto sea nuestro enemigo, ni menos o más que nosotros. Podemos tener conversaciones agradables y escuchar otras ideas, atentos a soltar los temas cuando el ego quiera tomar control y poner en riesgo nuestra paz. No convencer al otro es un poco de humildad que debemos aprender, y si estamos atentos, el ego no logrará distraernos de ese aprendizaje.

Cuando sientas la tentación de odiar a alguien porque su personaje te molesta, piensa primero que él no está allí por un capricho del destino, sino por una razón positiva para tu vida. Algo tienes que practicar, algo tienes que aprender. Quizá empatía, compasión, solidaridad. Quizá ponerte en sus zapatos, recordar que él tiene su historia o su propio padecimiento, y que a lo mejor actúa desde la frustración consigo mismo...

no tomar sus actitudes de manera personal. Quizá practicar la paciencia, la tolerancia, la comprensión, la bondad. Quizá desapego, dominio del ego. Siempre hay algo que debemos mejorar, aunque nos incomode. Busca dentro de ti la razón por la cual viajas con él sin poder retirarlo de tu ruta.

Caminemos seguros de que todo tiene un propósito, que la vida fluye y el Amor prevalece. Recorramos el camino con confianza, continuemos llenos de esperanza. Todos, tú y yo, de buena fe, confiemos en lo que el corazón indica. Tú y yo anhelamos una humanidad en paz. Lo que debe unirnos es que todos deseamos ser felices, que ni tú ni yo queremos sufrir. Somos iguales, aunque parezca tan real la diferencia…

Disfrutar el recorrido sin divisiones es posible, sin miedos agobiantes e inconscientes. Humildemente aceptemos que, aunque cada uno tenga su propia verdad, nada es verdad, pues todo es subjetivo y sujeto a interpretación. La verdad absoluta le corresponde solo a Dios.

Caminemos juntos, como hermanos que somos. Aunque tú y yo pensemos diferente, que las opiniones no nos dividan. Que el respeto nos una, al igual que el deseo por un mundo mejor.

Reconocer al maestro

Es difícil aceptar que aquel que actúa con locura, que es injusto, que hace cosas que ofenden y molestan, sea nuestro maestro. Ese es uno de los pasos más complejos en el despertar espiritual: ver con ojos del alma a quienes son un desafío, y entender que son el laboratorio para aprender a proteger nuestra paz desde el Amor Incondicional. Aquel que trata de ofendernos o que actúa sin sentido, está viviendo su sueño, pero es un hermano clamando por nuestro amor. Es un maestro que nos enseña a amar ¡incondicionalmente!

Esta idea es opuesta a la lógica del mundo, y es controversial, claro que sí. Se requiere gran fuerza de voluntad y una buena dosis de humildad para aceptarla. Se supone que aquel que ofende merece repudio y que le dejemos de hablar, que le saquemos de nuestra vida o que le hagamos sentir culpable de nuestro dolor. Incluso si "le perdonamos", que sintamos un aire de superioridad espiritual.

Pues bien, esa persona nos enseña lo que no debemos hacer, nos muestra el reflejo de nuestros propios defectos, de aquello que debemos mejorar. Quizá nos recuerda el valor de la paciencia, o de ser compasivos. Esa persona actúa desde sus miedos, desde su sufrimiento, y podemos ayudarle a salir de su estado a través del Amor. Quizá necesita que le escuchemos sin juzgar, o sentir el calor de nuestro abrazo para soltar su amargura. Quizá nos ama y no quiere aceptarlo, pero un abrazo dado desde nuestra alma le dará la claridad, porque el Amor nunca regresa vacío.

Un Curso de Milagros, Lección 192, 9:4-6

"Cada vez que sientas una punzada de cólera, reconoce que sostienes una pesada espada sobre tu cabeza. Y esta te atravesará o no, dependiendo de si eliges estar condenado o ser libre. Así pues, todo aquel que aparentemente te tienta a sentir ira, es en realidad tu salvador, pues te está recordando que puedes ser libre."

INSTANTE (13) - Caminantes

No es una opinión ni una idea lo que nos separa
sino la ilusión de que esto es real.
Olvidamos que no somos las opiniones
ni tampoco la apariencia
ni el cuerpo, ni las posesiones, ni siquiera nuestro rol.
Somos caminantes recorriendo un mismo camino
aunque este parezca, diferente.
Somos Uno, parte de la Totalidad infinita
todos parte de Dios; todos un mismo espíritu
habitando un cuerpo temporal.
Nuestra verdadera identidad nos hace iguales.
Somos Amor Incondicional, porque Dios lo es.
Somos Alma, porque Dios lo es.
Somos Plenitud, porque Dios lo es.
Somos paz, porque Dios lo es.

Lo demás es una ilusión
que aparenta diferencias
una pesadilla de culpa y miedo
que aunque hoy parece real
pronto se diluirá
cuando despertemos y entendamos
que todo era un sueño, nada más.

Mientras llega ese momento de luz
recordemos que somos caminantes
todos recorriendo un mismo camino
todos hacia un mismo final...

La vida es un sueño

En el momento mismo de la concepción, el espíritu de Dios encarna en un cuerpo y cae en un profundo sueño; olvida su realidad y le da todo realismo al sueño, en el cual es un cuerpo que sufre, ríe, llora y todo lo demás: un ser físico, protagonista de una historia. Lo que sueña es un drama y en él representa un personaje con características particulares: nombre, apariencia, raza, cultura, línea genealógica. Y tiene un rol: el hermano de..., el hijo de..., el amigo de...

Al ver una película, nos concentramos tanto en la trama que olvidamos que es una representación, sentimos la historia y confundimos a los actores con el papel que interpretan. Eso hacemos en el sueño —la vida terrenal—, damos todo el realismo al drama y al libreto. Así, al olvidar nuestra verdadera identidad nos dedicamos a seguir al libretista impostor —el ego— quien, aprovechando el olvido, no solo nos convence de que somos el personaje, sino que nos enseña el individualismo y el apego. En el sueño vivimos en un constante monólogo del *yo, yo, yo, mío, mío, mío,* mis logros, mi historia, mi verdad... en *modo protagónico* todo el tiempo, en *modo yo*. Así es nuestra historia, nuestro libreto terrenal.

El despertar de la consciencia es darse cuenta de que la obra es mera ilusión, de que somos el espíritu y no el personaje. Si nos observamos, veremos cómo actuamos: magnificando los errores ajenos y justificando los nuestros, impacientes, injustos y mil veces incoherentes... notaremos la ridiculez o la inconsciencia con que a menudo reaccionamos. Vemos con claridad qué debemos mejorar. Esa introspección nos ayuda a darle un giro a la trama, volviendo nuestro rol más divertido y armonioso. Podemos ser más sencillos y reírnos de nosotros mismos, dejar de ponerle drama a lo que no lo tiene, sonreír agradecidos, ver la vida de otra manera.

En el sueño, lidiamos con todo cuanto hay en la mente. Adoptar una mirada espiritual es cambiar los lentes empañados por el miedo y el negativismo, por unos limpios que nos ayuden a ver con claridad el alma de cada persona y lo bueno de cada situación. Es como ir al cine a ver una película de horror, sabiendo que todo lo que allí vemos es mentira, es actuación, ficción. Al saberlo plenamente no sentimos el miedo que la película trata de inculcarnos, y nos reímos del drama mismo. El subconsciente no cree en ese miedo porque sabe que no es real. Y así no sufrimos, y disfrutamos del viaje.

Es importante preguntarnos a menudo con cuáles lentes estamos mirando cada escena que vivimos, si seguimos creyendo en el sueño o si hemos comprendido quiénes somos en realidad.

¿Nos estamos observando?

No tiene sentido revivir lo pasado y, aunque a veces es imposible olvidar, es inteligente quitar la emoción al recuerdo. Si sigue doliendo, no nos estamos observando. Pasamos la película una y otra vez para alargar el sufrimiento y fortalecer nuestro rol de víctimas… ¡nos creemos víctimas! Seguimos reviviendo la memoria emocional.

El cerebro, que no distingue entre el recuerdo, la imaginación o la vivencia, reacciona igual y libera las mismas hormonas al recibir la orden emocional. Por ello, recordar sin dolor es terapéutico. ¿Por qué no hacer algo diferente? ¿Por qué no reírnos de nuestras experiencias pasadas? Es válido hacerlo si eliminamos una emoción dolorosa que lejos de ayudarnos, nos deprime. Todo, todo está en la mente.

Si en realidad queremos ser felices, no podemos seguir negociando nuestra paz por capítulos ya pasados y gastados, imposibles de cambiar. Hoy es otro día, fresco y luminoso, que nos invita a escribir —desde la paz— la página en blanco de un nuevo y maravilloso presente. Así, cuando decidimos esperar a que la emocionalidad se calme antes de juzgar algo, antes de hacer un reclamo o pedir una explicación, nos calmamos para dialogar sosegadamente.

Bajar el volumen a las emociones es una manera inteligente de no agravar las cosas y de salvar relaciones, preservando nuestra paz interior.

Con esta lucidez, dejamos de tomarnos todo tan en serio. Hay cosas que solucionar, ¡por supuesto que sí!, pero podemos hacerle cambios al perfil del personaje que representamos y mejorar así nuestro desempeño en la obra. Es mejor bajarle intensidad a la ira, al mal genio, a la soberbia, a la arrogancia y otras emociones destructivas, y reemplazarlas por emociones y actitudes que nos acercan a la paz como la dulzura, la humildad, el buen genio, la bondad, la compasión, incluso la diversión y la inocencia… ¡ser de nuevo como niños!

Así, perdonamos el pasado y sonreímos, y nace un nuevo camino en el que fluye la alegría y se renueva la esperanza. Es entonces cuando nos damos cuenta de que todo lo sucedido, así pareciera doloroso en el momento, nos dejó una enseñanza que ahora podemos aplicar para no repetir la experiencia. Así, emocionados ante la oportunidad de mejorar, nos reinventamos y abrazamos los cambios para que la obra sea cada vez mejor. Recordando que esto es un sueño, ¡un sueño nada más!

5 El Ego

El ego es un sistema de pensamiento
de naturaleza humana, individual.

Necesitamos al ego, ¡claro que sí! Este sistema de pensamiento es parte de nuestra condición humana y nos permite relacionarnos con nosotros mismos y con los demás, nos ofrece una identidad física en un mundo de millones de individuos, donde cada uno tiene una inteligencia, una capacidad de raciocinio y un grado de creatividad.

Sin él no podríamos relacionarnos unos con otros como seres físicos y racionales. Sería imposible convivir sin tener un nombre, un sentido de pertenencia física, unas ideas, una personalidad, o sin poder identificar el rol de cada uno y el personaje que representa en la obra. El ego no es un enemigo sino una herramienta para comunicarnos en el plano físico, y es fundamental para el ser humano.

Sin embargo... si le dejamos sin control y le damos todo el poder, este sistema presuroso nos conduce a la inconsciencia, ya que él es la inconsciencia misma, pues basa su existencia en el miedo y en la diferencia. Nos ve como individuos separados y cree que esa separación es real. Para él es imposible que seamos parte de una totalidad pues no entiende la idea de la unidad: el ego es separación, individualismo.

En algunas áreas de la psicología lo denominan el "falso Yo", porque no es nuestro Yo real, aunque pretende serlo. Y esto sucede porque le damos poder ilimitado y permitimos que dirija nuestras creencias, nuestras relaciones y nuestro comportamiento.

El ego *no* es el conductor de nuestra vida, ni el director de la obra. Pero al dejar en sus manos el libreto, le permitimos que defina nuestro personaje y que a la vez diseñe, a su estilo, los paisajes del camino. Le creemos. Es tan fuerte que se convierte en un impostor y nos convence de ofrecerle lealtad absoluta, y de entregarle nuestra identidad.

¡Y es que el ego tiene un ego grande! Trata de evitar, a toda costa, que recordemos que somos el observador y no el personaje, que nuestra naturaleza es espiritual. Invade nuestra mente de oscuridad y la llena de información confusa, tanto que logra ocultar la parte donde reside Dios: la consciencia. Por ello nos volvemos egoístas, y regimos nuestra vida de acuerdo a nuestros deseos y conveniencia individuales. Vivimos en la inconsciencia. Trabajamos pensando en nuestro bienestar convencidos de que nuestra trama es la más importante y de que las otras importan menos. Rendimos culto al cuerpo, a los placeres y al apego; nos separamos de los demás, vivimos en nuestro propio mundo, en el mundo que hemos inventado, en la individualidad…

Hábilmente el ego nos convence de que poseer cosas es muy importante, por miedo a la carencia; de que la meta es ganar a toda costa, por miedo al fracaso; de que manipular a otros se justifica, por miedo a sentirnos solos. Y de que es lógico amar a unos en demasía y a la vez detestar a otros, o ser leales en unos casos y traicionar en otros. Vivimos en constante contradicción, lo cual nos produce ansiedad. A veces escuchamos esa vocecita suave que nos motiva a ser mejores personas, buenos hijos y buenos amigos, amar a los nuestros y ayudar a los demás. Pero, al mismo tiempo, seguimos siendo egoístas, muchas veces prepotentes al ayudar, seguimos dando lo que nos sobra creyendo con ello ser generosos, en fin…

Sin demeritar los logros y los triunfos de cada uno, una vida en paz solamente se alcanza cuando vivimos de manera consciente, cuando quitamos al ego el protagonismo que le hemos dado y dejamos de darle realismo a su mundo de ilusiones. Lo interesante es que, al hacerlo, reducimos el volumen de su voz y de las emociones inconscientes, y le quitamos dramatismo a la vida. Todo se vive en su justa medida.

INSTANTE (14) - De ego inconsciente, basta ya...

No temas ya, el miedo no es real.
Es un fantasma, una idea, un invento del ego
para poderte controlar.
De ideas de ataques y conflictos, basta ya.
El pasado nunca volverá, no te culpes más.
Aunque lo sucedido no se puede borrar
de ti depende tu libertad
deshacer tu culpa y perdonar.
Perdona tus errores, perdona a tu hermano
perdona aquello que viviste.
Limpia tu herida, sin ahondarla más
es la única forma de sanar.
Rescata del pasado el amor que recibiste.
Nada más.
De dolor y sufrimiento por lo que no puedes cambiar,
basta ya.
Dile adiós a los fantasmas de tu mente, y no regresarán...
Como un nuevo libro, abre tu página en blanco
y escribe tu hoy.
Que tu pluma sea la del amor, y no la del ego
que no te deja avanzar.
Eres dueño de tus creencias, cambia tu lenguaje
sustituye el miedo al fracaso, al error, a la pérdida
por amor y optimismo, por fe en la vida, por amor a ti mismo
por la alegría que trae la unidad, por la danza de los corazones
que saben, finalmente, lo que significa amar.
De ego inconsciente es suficiente.
Basta ya...

¿Por qué nos atrae tanto el conflicto?

Cuando permitimos que el ego nos domine nos volvemos dramaturgos, hacemos sentir al otro culpable y descargamos nuestras frustraciones en él. Buscamos el conflicto para esconder nuestros miedos e inseguridades. Nos victimizamos para exagerar nuestra posición y justificarla. Si hacemos sentir mal al otro al "ganarle" una discusión, estamos llamando la atención y de paso demostrando que somos mejores que él. ¡Ah! Y si logramos así justificar nuestros errores y equivocaciones… ¡mejor aún!

Nunca falta quien reclame porque no le felicitamos en su aniversario o porque no fuimos a verlo cuando estaba enfermo. Nosotros mismos reclamamos por el pasado, o porque no nos tienen en cuenta, o porque los demás no hacen lo que deseamos… Nos quejamos, reclamamos, nos reclaman, tanto que terminamos en una batalla constante: vivimos oprimidos por el drama. Ahí está la respuesta: ¡al ego le encanta el drama!

El ego... ¿un maestro?

El ser humano seguirá luchando siempre por tener una vida más fácil, sin tanto desafío, sin tanto batallar. Es nuestra naturaleza, buscar el sendero más corto hacia nuestro bienestar, y eso es lógico y razonable.

Nadie quiere pasar necesidades y sufrimientos, ¡por supuesto que es importante tratar de vivir bien! Sin embargo, inventamos a menudo necesidades que ni existen ni son básicas, y las convertimos en nuestra prioridad, alimentando al ego. Por ello, ayudar o servir a otros es un esfuerzo que nos exige salir de nuestra zona de confort, y eso a ratos nos molesta. Olvidamos que vinimos no solo a ser felices, sino a amar y a agradecer, y a servir…

La realidad es que en la universidad de la vida debemos practicar en diversos laboratorios para aprender de cada prueba, de cada maestro, hasta que hayamos aprendido la lección. Lo que no se ha experimentado en carne propia no se comprende en plenitud; es la experiencia la que nos permite avanzar y si esta se repite, seguramente aún hay algo por aprender. Más vale que lo entendamos y nos preparemos para pasar las diversas materias, sobre todo aquellas que nos incomodan o que nos disgustan tanto...

Pensándolo bien, si no podemos eliminar el ego… ¿por qué no usarlo a nuestro favor? Parece una locura, pero he llegado a la conclusión de que podemos utilizarlo de manera positiva: convertirlo en el maestro que nos enseña lo que *no* debemos hacer si queremos ser felices. Él nos demuestra lo inconscientes que somos, lo temporal que es este vestido, lo vulnerable que es el cuerpo y lo inútil que es el apego emocional. Creo que sería más cuerdo dejar de verlo como una amenaza, y utilizarlo a favor de nuestro aprendizaje.

¿Cómo hacerlo?

Si hacemos lo contrario a sus consejos con seguridad encontraremos la felicidad en nuestro interior. Algo así como un aprendizaje por contraste: dar lo que llamo "un giro de 180 grados".

Suena divertido incluso, y eso no solo desenmascara al ego sino que nos quita la presión de hacerle caso, comprendiendo además que nuestro mejor consejero es el Amor.

Ante cada situación, preguntarnos:

¿Me habla el ego o me habla Dios?

INSTANTE (15) - A ti te hablo, ego

Puedo verte como yo desee
como una voz estruendosa que confunde
que me invita a defenderme, a atacar
que me dice que están todos contra mí.
O puedo verte como lo que crees ser
una fuerza interna
mi defensor y mi protector contra otros
mi escudo y mi máscara protectora
y así podría erigirte un altar.

Pero he decidido verte como lo que eres
una herramienta que da nombre al cuerpo
una identidad física para comunicarme
una memoria totalmente temporal
sin enamorarme de ti.
Así he de verte de ahora en adelante
como un sistema que me ayuda a transitar.
No eres mi guía, ni mi amo, ni mi dios.
No eres mi consejero, tampoco mi inspiración.
Renuncio a que seas quien escribe mi libreto.
Eres ego, un pequeño yo, que no soy, ni quiero ser.
No soy tú, ni eres yo.

En realidad... Creo que eres ¡el maestro que necesito!
Te voy a usar para no olvidarme de mi verdadera identidad.
Para recordar que tus consejos son siempre locura

precisamente lo que no debo escuchar
lo que no debo hacer, lo que no debo atender.
Te usaré, ego, como mi maestro
para aprender a decir que no
que no quiero competir ni juzgar
que no quiero odiar.
Que no tengo miedo
porque sé perfectamente quien Soy
porque sé quién es mi verdadero Padre
mi guía, mi sostén.

Puedo verte como lo que eres, ego
un maestro de lo que no quiero ser.
Un maestro que me recuerda que...
todo lo que quiero es paz.

6 Amor Incondicional: El Camino

"El Amor de Dios es mi sustento."
Un Curso de Milagros, Lección 50

Reflexionemos. ¿Hemos sido felices hasta ahora? ¿Cuánto nos ha durado esa felicidad que un día creímos haber alcanzado? Nuestro primer sueño cumplido, ese anhelo que parecía tan lejano... nuestro primer amor, mariposas en el estómago y la sensación de ser eternamente felices... nuestros éxitos y satisfacciones, nuestros bienes, nuestra juventud y algarabía incontenibles...

¿Ha permanecido a través del tiempo esa felicidad tan anhelada? Seamos realistas. Todo aquello que nos ha dado tanta satisfacción en el pasado ha cambiado, se ha convertido en una hermosa memoria, ha dejado de ser importante o lo hemos olvidado. Han sido momentos de aparente felicidad que se diluyeron como agua entre los dedos y que reposan en el baúl de los recuerdos, alimentando la nostalgia. El tiempo no se detiene y a su paso deja una estela de tristeza ante su imparable carrera. Y nosotros, testigos mudos de ese transcurrir, creemos ir hacia el fin, hacia una muerte que nos atemoriza y a veces nos aterra. Por ello, necesitamos ver la vida desde otra óptica que eleve nuestro nivel de comprensión y dejemos de sufrir.

No somos el cuerpo, ¡qué alegría!

No somos las opiniones, ¡qué alivio!

Somos el Amor Incondicional, Dios en nosotros. Su camino es luminoso, estable, seguro. Él nos ama infinitamente, sin condiciones. Nos creó en Su infinita sabiduría siendo Su esencia, y nos dio el privilegio de ser parte de Él Mismo. Nos dio Su mente para que vivamos en Él y no lo olvidemos. Nos señala Su ruta para que no deambulemos por ahí, para que conservemos el sentido del rumbo y regresemos a nuestro verdadero hogar después de este viaje físico, que ha de terminar un día cualquiera.

Cuando tratamos de ser buenas personas y dejamos fluir nuestros sentimientos de bondad, hemos escuchado la voz correcta que desde nuestro interior nos llama a la cordura. Es la invitación a tomar el sendero correcto para continuar nuestro retorno a Dios, allí donde pertenecemos.

El Amor, remedio infalible

¿No es el amor el único remedio para todo?

La Biblia dice que el amor todo lo cura; los sicólogos dicen que solo amando se puede vivir una vida sana; hay escritos maravillosos que hablan de su poder sanador y de la fuerza que tiene para cambiar las relaciones más hostiles. Tanta guerra, tanto odio, viene solamente de la falta de amor, que nos lleva a ser intolerantes, irreverentes, arrogantes, injustos.

Vivir la vida con amor es cambiar al mundo, es recordar que la paz empieza en cada uno. Al hacerlo, nos amamos a nosotros mismos, conscientes de nuestro verdadero valor. Solo así podremos amar al resto. Solo así tendremos verdadera compasión por el otro.

Con la mirada amorosa veremos a Dios en cada uno, valorando lo bueno sin magnificar lo negativo. Si hablamos con amor, derrumbamos barreras. Si abrazamos amorosamente, derretimos el hielo, transformamos corazones... La palabra amorosa y suave calma la ira, y desarma al guerrero. El amor es el único remedio para todo. Ver la vida con los ojos del amor es una bendición que nos hace sentir libres y livianos, que nos produce calma y nos hace conservar la paz en el alma. Nos cambia la vida.

Una vida con propósito

A veces no entendemos qué nos sucede, pero algo nos pasa. Estamos bien, pero no hay alegría en el alma. A veces estamos deprimidos, melancólicos quizá, y no sabemos cómo vibrar. Sí, a veces hemos perdido el entusiasmo. ¿Qué podemos hacer? El mundo tiene un menú de alternativas y nos ofrece todo el tiempo posibilidades que puedan alegrarnos. Pero, ¿es eso lo que estamos buscando? Podemos motivarnos por planes nuevos, incluso emocionarnos por un cambio de rutina. Lo cierto es que lo que el mundo ofrece son substitutos del Amor de Dios, no necesariamente aquello que le dé un propósito a nuestra vida.

Si te falta el entusiasmo, conéctate con lo que te apasiona, con lo que te hace vibrar y sonreír, y activa una nueva fuerza en ti. Recuerda que viniste a aportar al mundo y a dar un uso creativo a tus talentos para el bien tuyo y de los demás. Escribe lo que anhelas, imagina lo que sueñas, dale vida a esos deseos, y agradece… recupera el entusiasmo. Todo aquello que agradeces llega a Dios y se convierte en tu motivación. Muchas veces no será tal cual lo has imaginado, pero en ti está la actitud de ver la bendición y la realización de aquello que anhelas desde el alma, tu verdadero propósito.

Dale a tu vida una razón más para sonreír. Hay mucha necesidad de amor en el mundo, se requiere nuestra ayuda para que muchos dejen de sufrir. Dar es un privilegio. ¿Te imaginas un mundo donde todos ofrezcamos nuestros talentos para ayudar a otros? Un mundo en paz, un mundo de paz.

El desafío de amar a quienes causan dolor

A cada instante suceden millones de acciones positivas y de gestos solidarios que no se conocen, que permanecen anónimos, que no se publican. En este mismo momento, a medida que lees estas letras, están sucediendo incontables abrazos, sonrisas de consuelo, encuentros y reencuentros, palabras de aliento, actos humanitarios... Pero, también ahora mismo millones de seres están siendo lastimados, heridos por otros, abusados por seres inconscientes que han olvidado que ellos también son hijos de Dios... nuestra tendencia humana es juzgar a esos abusadores, desearles todo el mal posible, pensar de ellos lo peor. Les enviamos odio, maldiciones con "buena intención" en solidaridad con los que sufren, con los abusados, con las víctimas.

La propuesta es hacerlo de manera diferente.

Desde el Amor Incondicional, orar por aquellos que están causando tanto sufrimiento. Ver sin juicios la oportunidad de abrazarlos espiritualmente en lugar de odiarlos, de perdonar su inconsciencia y orar para que recuperen su memoria espiritual. Aunque ellos lo hayan olvidado, nosotros no, de lo contrario caeremos en su sueño, en el mundo del ego nuevamente. Los sistemas de justicia que rigen la convivencia humana deberán actuar en cada caso, ya que sin justicia es imposible que haya paz en las comunidades de la tierra. Pero nuestro esfuerzo ha de ser desde la consciencia espiritual que extiende el Amor Incondicional.

Orar por aquellos que atentan contra la vida ajena, ayudará que se active su consciencia; por los que luchan por sus ideales de manera equivocada, atacando a los demás y creando dolor y desesperación; por esas madres angustiadas al ver a sus hijos tomar en sus manos armas destructivas y actuar contra otros. Orar para que quienes abusan del poder cambien y se produzca un milagro.

Orar para que tú y yo, con cada uno de nuestros actos propaguemos paz, dejemos de lastimar a otros. Para que con cada palabra bendigamos en lugar de ofender; para que con cada acción perdonemos en lugar de juzgar; para que ayudemos a alguien a calmar su ira con nuestra respuesta blanda.

INSTANTE (16) - Orar por la paz

El mundo necesita paz
que tú y yo hagamos un cambio
desde lo pequeño, desde lo cotidiano.
Con una sonrisa, con una buena respuesta
sin crear conflictos, ofreciendo amor.
Tú y yo podemos aportar un grano de arena
para construir la paz universal que se logra
desde la paz de cada uno.
Oremos por la consciencia universal.
Que los que atentan contra otros
recuperen su cordura
y descubran la paz interior
que en ellos permanece
aún cuando lo hayan olvidado.

Cicatrices en el alma

Cuando tratamos de limpiar una superficie, lo hacemos fácilmente si esta es plana y lisa. Pero cuando hay rugosidades, la limpieza se dificulta. El simple paso del detergente no logra sacar la suciedad de sus fibras internas y necesitamos acudir a limpiadores más sofisticados que logren eliminar la mugre. Del mismo modo necesitamos borrar de la mente las huellas de dolor que deja la experiencia. Cualquier trauma o vivencia difícil deja en el subconsciente sentimientos de dolor que obstaculizan la verdadera curación. Son marcas que se van acentuando hasta que forman parte de nosotros, como invitados de honor que jamás piensan marcharse.

Si nuestra mente es lisa y permanece libre de apegos y de juicios, de envidia y de rencor, o de victimización, será más fácil mantenerla sin manchas. Pero si es rugosa y está llena de heridas dolorosas, la limpieza se dificulta. No basta una disculpa, ni un abrazo de aprecio, ni un arrepentimiento para limpiarla realmente, y hay que usar limpiadores fuertes que requieren tiempo y esfuerzo. Las cicatrices no están en el alma sino en la mente, y podemos erradicarlas con Amor Incondicional, el mejor bálsamo para sanar las heridas y deshacer las manchas. Cada esfuerzo que hagamos vale la pena para eliminarlas, amorosamente…

Los únicos que sufren por mantener cicatrices mentales somos nosotros. Mantener la mente libre de rugosidades es posible si nos proponemos ser positivos y cambiar nuestros hábitos de pensamiento, dejando el drama que no sirve y pasando páginas, para que no sea el dolor de lo pasado sino *el amor de lo aprendido* lo que permanezca en la memoria. El Amor Incondicional diluye el dolor y nos ayuda a quitar la emoción del recuerdo. Nos libera al activar el perdón, que no es otra cosa que dejar de ver el error. Así recordamos sin sufrir.

Todo está en la mente, es ahí donde debemos limpiar.

INSTANTE (17) - Un aprendizaje...

No es en los momentos perfectos de la vida
cuando adiestramos nuestras habilidades.
En aguas mansas no se forjan los mejores marineros.
Es cuando la tormenta arrecia
cuando el mar embravecido nos sacude
cuando todo parece derrumbarse
y sobrevivimos o morimos.
Cuando los desafíos son grandes
y buscamos la luz, dejamos de temblar
y vemos hacia dónde avanzar.
La Fortaleza de Dios actúa
si confiamos, si esperamos, si entendemos
que de cada prueba saldremos victoriosos.
No arrogantes, sino humildes.
No maldiciendo, sino bendiciendo.
No reclamando, sino aceptando.
No re-sintiendo, sino agradeciendo.
No culpando, sino perdonando.

Crecimiento interior que a todos se nos ofrece
pero que no siempre aprovechamos.
Crecimiento que solo se logra
desde el Amor Incondicional.

¿Has pensado en lo liberador que sería no depender de lo que hagan los demás? Sentirte tranquilo a pesar de que tu amigo no haya seguido tu consejo, de que tu hijo no haya estudiado lo que querías, de que tu pareja no haga lo que le pediste o de que las personas no sean como quieres. ¿Cómo sería tu vida si nada de eso te afectara?

Al dejar de controlar el camino de los hijos o la conducta de otros, soltamos cargas que nos impiden avanzar. Es un hecho: no podemos cambiar a nadie, solamente podemos cambiar nosotros mismos. Del mismo modo, al ignorar al ego y sus argumentos de conflicto cuando no es a nuestro modo o cuando "perdemos" una discusión, nos liberamos del estrés porque desaparece la expectativa y dejamos que todo fluya. Respiramos profundo y confiamos en que todo ha de salir bien. Dejamos de controlar… y nos dedicamos a vivir. Esa sensación de libertad no tiene precio.

INSTANTE (18) - De todos modos

Si sonríes y no te sonríen, sonríe de todos modos
que sea tu sonrisa lo que te dé paz.
Si das y no te agradecen, da de todos modos
que la gratitud por poder dar sea tu motivo.
Si no te piden perdón, perdona de todos modos
que romper cadenas de rencor sea tu liberación.
Si amas y no te aman, ama de todos modos.
Que amar sea tu prioridad.
Dar sin esperar nada a cambio, esa es la verdadera libertad.

Cada instante es una oportunidad para practicar la paz: una llamada que no llega, una frase hiriente, una disculpa que no nos ofrecen, un "gracias" que alguien no pronuncia... A cada momento pasan cosas que parecen injustas y estamos tentados a responder con rabia, a ofender, a atacar en defensa propia...

Si pensamos en que cada persona vive su propio drama y actúa según su propio sufrimiento, si no tomamos sus actitudes de manera personal, podremos entenderla desde su perspectiva, sin caer en su sueño. Situaciones en que te culpan y reclaman son laboratorios perfectos... ¡para practicar!

Cuando alguien crea un drama y no caemos en él, cuando no permitimos que eso nos quite la paz, cuando respondemos con calma, cuidamos la armonía y sentimos el alma del otro y no su personaje, se ha producido un milagro, el milagro de la paz.

La clave es trabajar en cambiar nuestros hábitos de pensamiento cuando estamos estables, sin esperar una crisis para hacerlo. Así, dejamos la adicción al conflicto y a la victimización, y al llegar lo inesperado, estaremos ya habituados a ser positivos y a preservar la paz.

Habitúa a tu mente a ser paz ahora, a no juzgar ahora, a dar amor ahora... Recuerda, no eres el ego, ni el ego es Dios. Podemos controlar la mente y decidir que no queremos el conflicto en nuestra vida.

La vida está llena de recursos de paz, llena la mente de ellos.

Coherencia

¡Qué difícil es ser coherente! Parte del escepticismo en el mundo es la falta de coherencia de nuestros líderes. Pero... ¿y nosotros? A menudo permitimos que el ego nos sabotee y terminamos contradiciendo lo que predicamos. La mejor manera de conservar la coherencia es siendo honestos con nosotros mismos, observando nuestra respuesta ante los desafíos cotidianos, en especial ante situaciones inesperadas que nos toman por sorpresa o que nos invitan a reaccionar, a contestar una ofensa, a negar una ayuda, también a enorgullecernos por los logros... ¿Somos coherentes? ¿O nos quedamos en la teoría, en lo que dijeron en la prédica, en buenas intenciones?

La falta de coherencia daña completamente la posibilidad de vivir tranquilos y nos produce inestabilidad cuando no hay congruencia entre lo que pensamos, decimos y hacemos. Y por supuesto vivimos estresados porque no hay armonía en nuestro ecosistema.

¿Nos estamos observando?

Somos responsables

Si vivimos a la expectativa de que nos retribuyan o agradezcan, si dependemos de que nos reconozcan o nos aprueben, o nos pidan perdón, le estamos dando poder a los demás para sentirnos bien. Eso no es libertad, y eso no da paz. Nada más absurdo que depender de otros, de su percepción o de sus estados de ánimo, de su voluntad o de sus creencias, para decidir cómo sentirnos o cuánto valemos. Somos responsables de lo que sentimos, dejemos de justificar nuestros miedos con lo que piensan los demás.

Tampoco tiene sentido culpar a Dios por lo que pasa. Es el ser humano el que crea el caos y la locura. Somos nosotros quienes alimentamos la injusticia y la desigualdad con nuestra falta de amor. Hagamos lo mejor que esté a nuestro alcance para aportar paz. Si todos hacemos nuestra parte, un día, alcanzaremos la masa crítica para que este mundo cambie y finalmente despertemos.

INSTANTE (19) - Falta de amor

No amarse a uno mismo, es falta de amor;
criticar a los demás
afirmar lo que no nos consta
abusar del más débil
engañar, aún en lo más trivial, es falta de amor.
Todo lo que atenta contra otros, lo que humilla o intimida
lo que abusa, lo que ataca o lastima
la ambición, el egoísmo, la calumnia, la envidia

todo eso es falta de amor.

La ansiedad

Libera el futuro de toda ansiedad y ponlo en las manos de Dios. Deja el pasado tranquilo, no ha de regresar. Te equivocaste de buena fe, perdona tus errores, perdona a tu hermano. Así podrás vivir tu presente libre de culpas y de resentimiento. Observa tu mente y afirma, cada vez que puedas, que tu futuro está en manos de Aquel para quien el tiempo no existe. Toda tentación de retroceder en esta idea es tu oportunidad para recordar que todo lo que quieres es paz, y que no hay nada qué temer. Invoca al Dios en quien crees con certeza. Lo mejor ha de suceder.

Sonríe en paz y vive tu presente, disfruta tus bendiciones, mira lo positivo y agradece. Utiliza tus talentos en algo productivo para ti o para alguien más. Y suelta la adicción a la ansiedad, ¡vuélvete adicto a ser feliz!

El apego al dolor

"No resistirnos, no juzgar y no apegarnos, son los tres secretos de la verdadera libertad y de una vida iluminada". Eckhart Tolle

Al igual que las manchas, el rencor aparece cuando una emoción dolorosa no se procesa de inmediato y se convierte en resentimiento. Ego, bendito ego que no quiere que soltemos, que nos ha condicionado a repasar y repasar, a cultivar y repetir pensamientos pegajosos que no nos dejan avanzar: revivir lo que pasó, repensar en lo que se perdió, recrear el drama y la tragedia. Bendito ego que no permite que sanen las heridas, ni que haya armonía y paz en nuestro interior.

El recuerdo del dolor puede permanecer como aprendizaje y experiencia, e incluso como protección. Pero si nos quedamos padeciéndolo, re-sintiéndolo, reviviendo escenas y momentos, estaremos agrandando la mancha, que luego será difícil remover. Conservar el dolor y revivirlo es hurgar una herida esperando que sane. Y creemos que podremos sanarla después. Después... ¿Cuándo?

INSTANTE (20) - Soltar el dolor

Este es el momento de renunciar al dolor
de soltar, de pedir perdón y perdonar.
No dar poder a la situación de opacar tu alegría.
Este es el momento de sanar el dolor
de limpiar la mente, de liberarte.
Suelta el dolor y reemplázalo por Amor Incondicional.
Abraza tu paz. Ahora.

Juzgar o no juzgar... he ahí el dilema

El juicio, indomable facultad del pensamiento humano, es la herramienta que el ego utiliza para formarse conceptos de las cosas o de las personas, y así reaccionar. Juzgamos con base en nuestras propias creencias convencidos de estar en lo correcto, y los demás errados. Somos esclavos de nuestros juicios...

El ego nos regala la idea de superioridad para ver lo malos, o lo inútiles, o lo ofensivos que son los *demás*...Y así, no nos damos cuenta de que aquello que vemos en los otros es un simple reflejo del lente que utilizamos y de aquello en lo que creemos, el famoso espejo. Los demás nos muestran lo que debemos mejorar y cambiar...

No juzgar es difícil pero no imposible. Se requiere gran fuerza de voluntad, empatía y mucha humildad para no caer en la tentación de hacerlo. Limpiar los lentes impregnados de juicio cambia la forma como vemos la vida al corregir nuestra percepción errada.

INSTANTE (21) - El espejo

¿Qué veo en ti que me habla de mí?
¿Tu ser real, tu amor, tu bondad?
¿Tu ego, tu error, tu culpa?
¿Qué veo en ti que me incomoda?
¿Por qué lo veo en ti si no lo quiero ver en mí?
Algo me dice que eres mi espejo...
Quizá porque en ti veo mi necesidad de amar
quizá eres mi maestro para dejar de juzgar.
Lo que veo en ti es la expresión de mí mismo
eres mi espejo y yo soy tu espejo.
Proyecto y veo en ti lo que soy, lo que quiero ser...
Y tú... ¿qué ves en el espejo?

INSTANTE (22) - Tú decides...

No es lo que sucede, es cómo reaccionas a ello
ni lo que otro hace, es si permites que te afecte
ni lo que te dicen, es lo que decides escuchar
ni lo que te muestran, es lo que decides ver
ni la culpa asignada, es si te sientes culpable.

Tu vida es lo que tú decides que sea.

No es lo que otros piensan, es lo que tú sientes
no es lo sufrido, es lo aprendido
no es lo que pasó ayer, es lo que vives ahora
no es el mañana, es el presente.

Tu vida es lo que tú decides que sea.

Tampoco es hablar de fe, es tener certeza
no es venerar al mensajero, es vivir el mensaje
no es identificarse con cosas, ni con apariencias
no es aferrarse a creencias, es soltar juicios y apegos.

Tu vida es lo que tú decides que sea.

La vida es un continuo aprendizaje de amor, pero las lecciones no vienen siempre en paquetes dorados, perfumados y perfectos. Por el contrario, algunas vienen con espinas y sinsabores. La vida está llena de retos.

Si logramos ver amor en cada experiencia, por dolorosa que parezca, hemos tomado la ruta correcta, allí donde reside nuestra paz interior. Nos hemos conectado con nuestro verdadero propósito.

Tu vida es lo que te dices a ti mismo. Cuida tu mente, cuida lo que piensas. Cuida tu paz.

Dicen que las comparaciones son odiosas

Seamos honestos. El éxito de otros puede provocar envidia y su fracaso puede producir "secreta" satisfacción. Siempre habrá alguien más arriba o más abajo que tú. Pero… ¿esa comparación tiene sentido? ¡Claro que no! Eso sería una locura. Toda comparación debería ser con uno mismo para ser mejor cada día, para crecer y avanzar hacia la paz. Si tenemos claro que este caminar no es un examen de desempeño sino un transitar para disfrutarlo y mantener la armonía, entonces dejamos de compararnos con otros.

INSTANTE (23) - Los otros y yo...

¿He avanzado hacia el Amor?
¿He aprendido de la experiencia?
¿He dejado de juzgar?
¿Estoy consciente de que aún necesito mejorar?
¿He aprendido a perdonar, a compartir mis bendiciones?
¿He aprendido a sonreír, a desapegarme de las ilusiones?
¿He aprendido a alegrarme genuinamente con el éxito de otros?
¿Camino libre, o por el contrario, sigo siendo
un esclavo del ego?
Lo importante no es si otros están mejor que yo o no
lo importante es si algo he avanzado.
Puedo aprender de todos, pero debo recordar
que cada uno recorre su propio camino
y tiene su propio aprendizaje.
Y aunque los caminos se vean diferentes
todos vamos hacia el mismo destino.
Hoy quiero ser mejor que ayer y pido sabiduría para avanzar.
Hoy quiero recordar que esa es la razón de la vida.

Todo lo que quiero es paz.

Cambia tus creencias, cambia tu vida

Aquello que sembramos es lo que cosechamos. Esta ley universal se cumple a nivel físico, mental y espiritual. No hay forma de cosechar frutos sanos si hemos plantado semillas enfermas. Es bueno revisar qué calidad de conceptos y creencias hemos sembrado en el subconsciente, pues los pensamientos y las actitudes son su fruto inevitable. No lograremos paz si cultivamos ideas contaminantes que nos alejan de ella. Cuidemos nuestra ecología espiritual.

Dejar a la mente sin control es dejarla a merced del ego: es una locura y también una insensatez. Si crees en la solidaridad, verás un mundo solidario. Si crees en la competencia, verás competidores por todas partes. El mundo que ves está basado en tu sistema de creencias, que provienen de lo vivido desde tu concepción, de lo aprendido e incluso de lo heredado, y que se ha arraigado en tu mente. Ves aquello en lo que crees, percibes e interpretas según lo que hay en tu subconsciente. Al corregir creencias que nos alejan de la paz, percibimos de otra manera.

Tomar el control remoto para cambiar el canal negativo y azaroso por el canal de la paz y la armonía requiere una actitud consciente. Si hay benevolencia y determinación, lograremos habituar a la mente a liberarse del ego, de los juicios y del drama. Es desde la consciencia de que somos Amor Incondicional que la mente sanará.

Cambiar hábitos es difícil, pero con decisión, lo difícil se vuelve posible. Cambiar la manera de pensar y ser positivos corrige la percepción, y hace que la mente deje de ver lo negativo que tanto nos atrae. Al actuar con benevolencia dejamos de creernos jueces porque cambiamos la creencia de que juzgar es nuestro derecho, y ¡nos sentimos más livianos! Observemos nuestro termómetro: si lo que vamos a hacer no nos da paz interior, ese no es el camino correcto. *Todo lo que queremos es paz.*

El pensamiento es energía activa y produce un efecto en la mente y en el cuerpo. Como ya dijimos, el cerebro no distingue entre lo que imaginamos, recordamos o vivimos en el momento. Basta con recordar algo doloroso o traumático para que se produzca una descarga negativa en el cuerpo, o con angustiarnos para que el cerebro reaccione como si se tratara de un peligro real. La excesiva preocupación genera angustia, y el cuerpo sufre las consecuencias. En él se deposita la energía negativa de las emociones, que se convierte en enfermedad si no la controlamos. Cuidar lo que creemos y pensamos es tan importante como cuidar lo que decimos y lo que hacemos.

Depresión o... ¿desmotivación?

La depresión emocional se somatiza si no se logra controlar a tiempo. La falta de propósito, la desocupación, la pobre autoestima, el rechazo social, los traumas, la soledad, entre otros, deprimen a cualquiera si no utiliza los recursos necesarios para salir de ese estado. Aunque hay casos clínicos y severos de otros orígenes que requieren ayuda profesional, en ocasiones basta con tomar consciencia de la causa del estado depresivo para activar la visión interna con toda firmeza, entendiendo que la solución está dentro de cada uno. Y ello pasa por reconocer que estamos asumiendo el papel de víctimas, y buscar la motivación para recuperar el entusiasmo y reinventarnos. Y se logra al encontrar o recordar cuál es el propósito de nuestra vida.

Al mantener una mente positiva y libre de ideas que nos depriman, recordando que la fe es nuestra mejor medicina y la paz nuestro objetivo esencial, surtimos nuestra farmacia interior con pensamientos armoniosos. Encontrar ese propósito de vida nos ayuda a superar la crisis con fuerza y esperanza, y a ver la oportunidad de hacer un cambio positivo. Volvemos a creer en nosotros mismos y soltamos el miedo que nos llevaba a esos comportamientos o estados depresivos. Nuestra vida cobra sentido.

Recoger el espíritu...

Hay días en que la incertidumbre nos embarga, quizá las cosas no parecen ir bien. Quizá no vemos la solución clara a los problemas o sentimos que todo se complica.

Hay días en que la nube negra no nos deja ver el sol. Aunque todo parezca angustiante, podemos renunciar a sentir miedo y confiar. Pedir sabiduría para ver las cosas de otra manera. En días así, necesitamos recoger el espíritu y buscar la paz interior, esa paz de Dios que no es de este mundo.

La mejor terapia es observarnos y hacer nuestra lista de gratitud, hasta sintonizarnos con la energía positiva. Orar sin angustia, agradecer con la certeza de que lo mejor ha de suceder. En días difíciles recordemos que el sol sigue allí, detrás de esa nube. El temor se diluye si confiamos en que no estamos solos. Al recoger el espíritu. Al refugiarnos en Dios.

¿Cómo vivimos el Amor Incondicional?

Supongo que te has preguntado esto tantas veces, como yo. La respuesta se encuentra en nuestro interior. Somos Amor Incondicional, *solo necesitamos ser*. Amar sin filtros, reconocer nuestra esencia y utilizar las herramientas que de él derivan. *No busques afuera, busca adentro.*

El Amor Incondicional abre enormes compuertas de luz, y aparecen paisajes hasta ahora desconocidos; empezamos a ver belleza por todas partes. El rostro de aquellos que nunca sonreían empieza a ser más dulce, y sentimos su necesidad de ser amados cuando los abrazamos en lugar de reprocharles. Cuando las tratamos con amor, descubrimos sentimientos de bondad que antes no percibíamos en personas frías y calculadoras, y vemos que aquellos que nos parecían caprichosos y difíciles de complacer, son en realidad como niños. Vemos egos que se diluyen ante nuestra sonrisa sincera, ante nuestra decisión de amarlos a pesar de sus intentos de ofendernos. Comprobamos que el Amor Incondicional rompe barreras y derriba muros que parecían inamovibles.

Eso implica que demos respuestas más amables; que seamos compasivos con los demás; que veamos el alma y la esencia antes que su forma; que pensemos antes de hablar; que observemos al ego y lo mantengamos lo más controlado posible para evitar que nos contamine la mente. Se puede vivir amorosamente, sin estrés y con un manejo inteligente y asertivo de nuestras emociones, dejando de dramatizar y ofreciendo una disculpa, dando un abrazo o una simple sonrisa de comprensión, ¡o callando! Se puede vencer el deseo de responder o atacar, al recordar otra enseñanza budista: *"Es mejor ser feliz, que tener la razón".*

Esta es la verdadera clave: ser conscientes de nuestra paz interior, permanecer alerta, enfocados. Si nos habituamos a elegir solo lo que nos da paz, valoraremos más el conservar la armonía y el bienestar interior, antes que las satisfacciones temporales del ego.

Aclaremos que no se trata de renunciar a nuestros valores por callarnos, tampoco de permanecer indiferentes ante la injusticia, la opresión y el abuso, y decir que todo está bien. Al contrario: si tenemos que actuar porque la situación lo requiere y podemos cambiarla, o si podemos ayudar o proteger a alguien, lo hacemos con firmeza, pero basados en valores, en respeto y en cordura, actuando de manera consciente y sin perder la paz interna. Sin agresividad ni ataque, siempre desde el amor.

Y, si existe un conflicto, habituarnos a resolverlo desde la tranquilidad y la calma, a dialogar razonablemente, a tratar de reclamar sin lastimar ni "pasar de víctimas a victimarios".

No agregar más conflicto al desacuerdo, y recordar que la otra parte tiene también sus razones. Actuar con benevolencia, y claro, un poco de humildad de espíritu. Nada que ocasione más fricción nos trae la paz.

Muchas relaciones se salvarán si dejamos de lado tanto ego, si valoramos a los demás al apreciar lo bueno de cada uno y dejamos de magnificar aquello que no nos gusta tanto, si no tomamos las cosas de manera personal, como bien lo aconseja Don Miguel Ruiz en su magistral libro *Los Cuatro Acuerdos*. Al dejar de creernos el coche y recordar que somos el conductor consciente, responderemos sin posiciones defensivas ni ofensivas, sin involucrar emociones inconscientes, sin perder la paz cuando lo que sucede no es como hubiésemos querido.

Si aceptamos que las circunstancias de la vida nunca serán perfectas, dejaremos de verlas con temor. De eso se trata el crecimiento espiritual. Gran parte de lo que sucede seguirá fuera de nuestro control, pero al verlo desde el Amor Incondicional, nuestra respuesta será mesurada, pacífica y conciliadora, aclarando la confusión. Lograremos ser más felices y mejores personas, y ayudaremos a otros a procurar su paz. Seremos menos emocionales y reactivos, y más amorosos. Seremos paz. Los que hemos cambiado seremos nosotros, y así, nuestro mundo cambiará. El Amor Incondicional nos hace más sencillos a la vez, más conscientes y más serenos. Seremos felices, felices de verdad.

Algunas veces encontraremos paisajes fascinantes y motivadores, pero al tener claro que esa belleza no durará para siempre, evitaremos el apego. No faltarán los paisajes oscuros y desoladores, con obstáculos y dificultades inesperados, y entenderemos que todo eso tampoco ha de durar por siempre, y que hay un propósito perfecto detrás de cada vivencia. Crear el hábito de ser paz escogiendo la ruta correcta nos permitirá extenderla a cualquier situación que estemos viviendo.

Sin dejarnos engañar por el drama, en lugar de ofender seremos conciliadores. El recorrido continuará lleno de sorpresas y de eventos inesperados, eso es parte inevitable de lo físico. Es cuestión de permanecer atentos, de habituarnos a dar amor para poderlo conservar, y así responder de forma adecuada a los desafíos que se presenten.

Un abrazo derrite al corazón más insensible, y poco a poco la actitud de la persona cambia. La respuesta no está afuera, busca adentro.

El Amor Incondicional es el camino.

7 La Paz Interior

La felicidad es un estado de paz interior.

Felicidad, eterna morada

Tendemos a confundir felicidad con momentos felices, con ausencia de desafíos. Cuando estamos contentos y todo está estable, cuando amamos y nos aman, cuando el éxito nos sonríe, cuando tenemos salud, creemos ser felices. Olvidamos que todo eso es temporal.

Estando aún muy joven me causó gran impacto el libro *Tus Zonas Erróneas* de Wayne Dyer, el cual aún conservo y consulto a menudo. Allí él decía que una persona inteligente no es aquella que sabe más o que logra más, sino aquella que sabe ser *feliz*. Fue la primera vez que escuché que mi felicidad dependía solo de mí y de mi propia decisión, que no dependía de lo externo ni de algo temporal. Comprendí que la clave estaba en mi mente.

En ocasiones asociamos felicidad con la paz y la tranquilidad que sentimos cuando todo está bien con la familia, con el trabajo, con nuestro mundo. Esa es la *paz condicional* que mencioné antes, que nos lleva a creer que somos felices hasta que se diluye cuando las circunstancias cambian. Esa es también una *felicidad condicional*.

La paz interior es algo diferente. Es un estado de plenitud interna que ofrece sosiego y seguridad, aún en medio de retos y dificultades, que no depende de las circunstancias externas. Creo que eso es lo más parecido a la felicidad, estable y permanente, jubilosa y tranquila a la vez. Quizá esta es la parte más simple y definitiva de nuestra búsqueda: comprender que si no hay paz en el alma, no podemos ser felices.

La conclusión es contundente: *la felicidad es un estado de paz interior.*

INSTANTE (24) - ¿Soy feliz?

La felicidad no es transitoria y pasajera
es un estado, un sentir eterno
es la armonía con todo y con todos
es la conexión plena con el Creador.
Es vivir la vida sin afanes, conscientes
es aprender a amar, a servir, a agradecer.
La felicidad es mi herencia
y conservarla es un propósito en esta jornada.

Mientras más me libero de juzgar y criticar
de la necesidad de brillar
de apegarme a la apariencia y a lo material
más me libero de cargas innecesarias
más descubro la felicidad que vive en mí
y que me pertenece.
Ser feliz es vivir en un estado de paz interior...

Nuestra armonía interior requiere que aprendamos a controlarnos y nos observemos, que escuchemos la voz de Dios que nos habla en cada circunstancia. Que mantengamos claras nuestras prioridades y recordemos que nuestra paz está por encima de los caprichos del ego.

¿Te imaginas un mundo así?

El solo pensarlo da una sensación de alegría y de esperanza, también de responsabilidad, pues no podemos esperar ver un mundo mejor, ni una familia en armonía, ni una sociedad sana, si no cuidamos nuestra propia paz. No podemos gritar a medio mundo y esperar respuestas amorosas, ni esperar recibir lo que no damos: necesitamos dar amor para sentir amor. No hay manera de ser felices sin alcanzar un estado de paz interior.

Mi paz no es negociable

No hay tesoro más valioso que sentir una paz infinita que nada ni nadie pueda alterar. Sobre todo en medio de dificultades o desafíos, esa sensación no tiene precio. Cuando poco o nada me disgusta, cuando nada me quita la paz, puedo decir que soy feliz.

¿Te enojas porque no te llamó la amiga o porque las cosas no están bien? ¿Armas un drama si tu esposo olvidó tu cumpleaños, o si el jefe firmó por ti y ni te mencionó en tu proyecto? ¿Crees que ese enojo, llenarte de resentimiento, hablar de eso todo el tiempo, invertirle tus horas, tus días y tus años, vale la pena? ¿Será eso tan grave que se justifica que te duela la cabeza, que dejes de disfrutar tu presente, que pierdas el control y arruines tus momentos, y de paso le arruines el rato a tu familia? Piénsalo, quizá necesitas amarte un poco más para que dejes de sacrificar tu paz y la de quienes amas, por tan poco...

Hoy te invito a recordar que la paz interior te corresponde y que eres tú quien debe cuidarla, que de ti depende. Que eres tú el único que decide si sigues buscando fuera de ti mismo. Que no eres el coche sino el conductor; que no eres el personaje en la escena sino el observador. Tienes herramientas emocionales y espirituales para que logres vivir con tranquilidad y sin negociar tu paz. Recuerda que todo lo que quieres es paz. Esa es la propuesta.

INSTANTE (25) - Yo elijo

Elijo no sufrir por aquello que de mí no depende
aceptar que hay una razón aún sin entenderla.
Elijo confiar.
Elijo no enojarme con quien no hace lo que quiero
suelto y acepto que no puedo andar su camino.
Elijo amar a aquellos que intentan ofenderme
y verlos como mis maestros
Elijo estar en paz. Elijo no sufrir.
Elijo amar el presente, honrar la vida.
No dejarme engañar.
Yo decido.

Elijo no negociar mi paz.

INSTANTE (26) - Buenos días, paz

Buenos días, mundo; buenos días, paz...
Aquí estoy, desnuda mi alma
agradecido estoy, por un nuevo amanecer...
y por el aire que respiro
para que mi cuerpo continúe este caminar...
Buenos días, luz
que me traes cada mañana
el milagro de sentir el rayo del sol en mi ventana
y la tibieza del amor en mi piel...
Gracias por despertar y seguir aquí
en este escenario mágico de colores y matices
de sabores, de olores
del sentir vida en mi cuerpo, en mi mente
en mi humanidad.
Aquí continúo, hoy quiero hacer mi parte
llevar sonrisas a quienes más las necesitan
compartir agradecido lo que me ha sido dado
rendir un homenaje a cada hermano
que camina junto a mí.
Buenos días, mundo, buenos días, paz...
Vamos por la alegría, hoy por la armonía
en cada parte del universo
agradecidos y decididos a sonreír.
Aquí estoy, sordo al ego insistente
en maravilloso sosiego
empezando otra jornada que traerá cosas bellas
que me recordará que mis miedos solo existen
en mi imaginación.

El equipaje espiritual

Lo que hoy estamos viviendo, tanto lo maravilloso como lo doloroso, todo pasará. De este mundo material no nos llevaremos nada, ni cuerpo ni propiedades, ni logros ni títulos. Nada. De nuestra experiencia espiritual nos llevaremos solo lo aprendido, el perdón, el amor, la aceptación, la tolerancia, la paz. Ese será nuestro equipaje cuando termine este sueño material.

Te invito a empacar tu equipaje ahora mismo viviendo a plenitud tu presente, en armonía con todo y con todos, con tus seres cercanos y con los lejanos también. Cuidando la naturaleza, de la cual formamos parte, en armonía con los animales. Livianos con los demás y contigo mismo. Te invito a seguir el camino libre de cargas, llevando solo aquello que te de la paz.

El verdadero desafío

Vas al trabajo, o a la actividad cotidiana, al estudio quizá, a descansar incluso mientras continúas el recorrido del caminante. El desafío es observarte hoy de vez en cuando, haciendo un alto en el camino durante el día. Detenerte unos minutos y respirar profundo, y agradecer por estar vivo, por lo que tienes, por poder ver, por poder caminar, por amar, aún en medio de los retos complicados del momento. Vivir el día en *modo amor* hará que tu día sea mejor.

A pesar del desafío de lidiar con situaciones difíciles, quizá con un enfermo a quien amas y te duele verlo sufrir, a pesar de las deudas que no te pagan o de lo malo que hayan dicho de ti, no se trata de los personajes ni de los roles, sino de tu propio aprendizaje. A pesar de las circunstancias adversas, eres un alma y estás en este recorrido por una razón que quizá ahora mismo no comprendes. No tienes que comprender, solo confía, recuerda que no estás solo. Tú decides si escuchas la voz de Dios, con la certeza de que un día agradecerás todo lo vivido, y todo lo aprendido.

Ver la vida de otra manera es escoger los lentes correctos para lograr la visión real y actuar con sabiduría espiritual. Es recordar que esto que llamamos vida es solo un sueño, una ilusión que se va demasiado rápido. Es no olvidar que la paz es tu prioridad aún si el ego dice algo diferente… Es proteger ese estado de tranquilidad interna renunciando al drama, manteniendo el control emocional y no entregando a nada ni a nadie el poder de decidir por ti. Ese es el verdadero desafío.

Primero mi paz…

Aquel que vive la paz interior es capaz de ver el bien y rescatar lo bueno de cada persona y de cada circunstancia. Trata de no juzgar ni atacar. Es *benevolente*. Si debe actuar para mantener una posición —justa en su criterio— lo hará sin lastimar, con la humildad que no busca protagonismos ni satisfacciones vanas, con firmeza pero manteniendo su ego bajo control. Confiando en su maestro interno, quien le guiará con su sabiduría.

Quien vive la paz interior activa la mirada del alma. Y así, no necesita buscar fantasmas ni culpas donde no las hay, ni llevar cuentas por cobrar, ni fabricar miedos en su mente.

Quien tiene paz no busca el error y tampoco el conflicto. Evita discusiones y prioriza la armonía. Y si alguien está en desacuerdo o piensa diferente, no se complica por ello ni lo toma de manera personal. Es humilde y escucha, abierto a aprender, atento a no perder su paz.

Quien conoce la paz interior no busca fuera de sí mismo, escucha la voz de Dios que le ayuda a recordar la verdad.

¿Qué estoy pensando ahora?

Que agradezco estar en este sendero que me invita a ser feliz. Aunque el mundo trate de imponer estilos amenazantes o conflictivos, quiero recordar claramente que *todo lo que quiero es paz*.

Primero mi paz.

INSTANTE (27) - Calla, y escucha...

¿Qué silencio es ese? —Pregunta la oruga en medio de la oscuridad.

Calla, —dice el búho— y escucha...
No entiendo, callo pero no oigo nada. Esta quietud me aburre, necesito oír algo. Creo que mi vida no tiene sentido, no sé qué hago aquí.

Calla, —dice el búho— y escucha...

Pero, ¿cómo callar y no decir nada, cuando siento que nada está bien? Creo que tengo una crisis existencial, no me siento bien, ¡nada de esto tiene sentido!

Calla, —dice el búho— y escucha...
Me duele demasiado el cuerpo, algo está saliendo desde mis adentros. ¡Ayuda! Mi mundo derrumbado, mi protección se está rompiendo, no puede ser, ¡no quiero esto! ¿Por qué me sucede esto a mí? ¿Qué mal he hecho? Esta es una tragedia. Búho, creo que estoy muriendo sin remedio.

Calla, —dice el búho— y escucha...

La oruga se resiste y en su forcejeo quiebra el cascarón, ¡qué tragedia!

Y despliega entonces unas hermosas alas de colores... y sale volando, convertido en una bella y colorida mariposa.

Nos resistimos a los cambios, creemos que lo peor viene, sin darnos cuenta de que los mundos se derrumban para dar paso a alas de colores, al vuelo libre del Ser.

Cuando sientas que la vida es difícil, ante los cambios inevitables…

Calla, como dice el búho, y escucha...

INSTANTE (28) - Paz dentro de ti

¿Qué te preocupa hoy, amigo mío
que traes el ceño fruncido y la mirada triste?
¿Qué es tan importante que perdiste la paz
o tan grave que olvidaste sonreír?
¿Quién es tan culpable que deseas castigarlo?
¿Qué es tan doloroso que te hunde en la amargura?

¿Qué me dirías, amigo mío, si te dijera...
que tu sufrimiento es innecesario
que tu angustia nada soluciona?
Si aceptas sin resistir lo que no puedes cambiar,
y si cambias lo que de ti depende
entonces dejarás de sufrir.
La paz está dentro de ti.

Amigo mío, te invito a confiar.
Vive con certeza
dedícate a ser tu mejor versión
y libérate del drama.
No vivas la vida de otros,
cada cual tiene su propio camino
y su propio aprendizaje.
Perdona, perdónate.
No regatees tu felicidad ¡disfrútala!
Ámate hoy, ámate siempre, recupera tu alegría
suelta las cargas inútiles
viaja liviano de equipaje.

Amigo mío, la paz está dentro de ti.
Es tuya. Tú decides.

Sin justicia no hay paz

"La paz colectiva es el resultado de la paz individual" no es una frase bonita, es un hecho innegable. Todo lo que genera sufrimiento comienza en una inconsciencia individual que se vuelve colectiva y se mimetiza en las sociedades. No hay paz sino egos que manipulan y abusan allí donde prima el egoísmo, el materialismo, la opresión, la injusticia, la lucha por el poder, la tiranía, el abuso, la desigualdad, la inequidad.

El bienestar de unos pocos no es paz.

La única manera de cambiar al mundo es partir de nuestro propio cambio. Buscar un propósito a la vida es parte del proceso. Buscar la equidad y la justicia, mejorar en nuestras relaciones, ayudar a quienes son vulnerables. Procurar un bienestar a los que están desamparados es parte de la paz.

Todos podemos hacer nuestra parte. *Todos en busca de la paz.*

INSTANTE (29) - ¿Dónde estás, que no te encuentro?

¿Dónde estás, dónde estás que no te veo?
En el camino hay un hombre suplicante...
me haré a un lado, indiferente.
Se acerca alguien exitoso...
tiene todo lo que anhelo, lo detesto.
Amo mi dinero, y mis bienes...
¿Cómo no hacerlo? sin ellos no soy nada.
Miro en mi espejo, soy tan importante
¡cuánto admiro mi cuerpo! nadie como yo...

¿Dónde estás que no te encuentro?
No soporto a quienes piensan diferente
mi verdad vale, los demás están errados...
Uso mis influencias para ganar algo
no importa que otros pierdan...
Me encanta juzgar, criticar, no cuido mi palabra
desprestigian a alguien y yo repito cual robot...
¡pero lo hago de buena fe!

¿Dónde estás que no te encuentro?
Te busco en el cielo, en las estrellas, allá afuera
y no te encuentro...

¿Buscar dentro de mí...? y, ¿para qué?
Los demás son los responsables...
¿Tolerancia? ¿Respeto? ¿Compasión?
No me interesan.
¿Qué es todo eso?

¿Dónde estás, paz, que no te encuentro?

INSTANTE (30) - Momentos de paz

El tiempo de construir la paz es ahora
no hay mejor momento.
Soltar el pasado que ya no regresará.
Perdonarse y perdonar.
Pasar la página.
Confiar, vivir con certeza.
Este es el momento de tener paz.
El momento de no juzgar, de no asumir
de no agredir, de no victimizarnos.
De no afirmar lo que no nos consta
aunque los demás lo juren.
De dejar de culpar a otros
y asumir nuestra paz interior.
Este es el momento de hacer paz
de tener paz, de ser paz.
Cada instante un momento de paz.

INSTANTE (31) - Lo que no me da paz

Dejaré de usar pensamientos inútiles
que me han traído problemas y no me dan paz.
Dejaré de usar el negativismo, la crítica y el juicio
la envidia y los celos, la ofensa y la defensa
la victimización, la intolerancia.
Protejo mi mente de creencias paralizantes
controlo mis emociones y mis reacciones.
Acepto ser feliz y cuido el tesoro de mi paz.
Dejaré de lado el rencor que me contamina
renunciaré al desamor y a la culpa
pesadas cargas que me impiden avanzar.
Dejaré el miedo que me nubla la visión
y me hace creer que el sol ya no está.
Todo lo que quiero es paz.

El viaje, no el destino

La paz interior es como ir por una autopista preparado para lo que pueda pasar. En ocasiones habrá que hacerse a un lado, bien para dejar pasar a algunos que van muy rápido, o bien para esperar a otros que van muy lento. En ocasiones será necesario esquivar hoyos y obstáculos, y en otras el tráfico fluirá tranquilo.

Aparecerán paisajes hermosos y no faltarán congestiones, lluvias que impiden ver, pasajeros indeseables que se suben a bordo, otros que ojalá se quedaran con nosotros para siempre. La clave es viajar por la autopista en paz con uno mismo y en paz con todos. De esta forma lo que suceda no nos mortifica y podemos seguir nuestro camino sin angustia, ni ansiedad.

Si viajamos preparados todo saldrá bien y avanzaremos livianos de cargas, sin sufrimiento ni drama innecesarios. Y, si no nos preparamos, viajaremos amargados y muy probablemente tendremos que repetir el recorrido.

¿Los imprevistos? nunca faltan… Y para ello, evitemos el caos mental y la angustia, mantengamos la calma y el sosiego para tomar mejores decisiones. Livianos de equipaje emocional para fluir. Para disfrutar el viaje.

INSTANTE (32) - En cada viajero...

Hay días soleados, días de luz, de cielo limpio
y los hay lluviosos, grises y aburridos
algunos tristes, días sin sentido
otros alegres, aquellos que no olvido.
Hay días tranquilos, de paz y plena calma
otros de tormenta, días de llanto y drama
unos planeados, otros que sorprenden
todos, cada uno, necesarios para el alma.
Hay días de encuentros, también de despedidas
días de soledad, otros de compañía
días de victorias y días de caídas
días que pasan por la historia de la vida.
Vivir cada día a la vez es parte del secreto
sin pretender ganarle la carrera al tiempo
recordar que la paz no está en el libreto
la paz está en ti, en mí
en cada viajero.

Un mundo mejor

Cuando arrojas basura al mar o a los ríos, cuando desperdicias el agua, cuando acabas con la fauna, cuando no reciclas… te afecta a ti y nos afecta a todos. Cuando ignoras al mendigo, cuando gritas al niño, cuando mientes, cuando afirmas lo que no te consta, cuando eres deshonesto, cuando juzgas… te afecta a ti y nos afecta a todos.

Callar la respuesta rabiosa, controlar tus emociones, convivir con tolerancia, limpiar el planeta, educar a tus hijos para ser buenos ciudadanos, ayudar al desvalido, dar una simple sonrisa… todo lo que haces con amor, te ayuda a ti y nos ayuda a todos.

La experiencia y las crisis nos invitan a un cambio individual. Hacer lo mismo de antes esperando ver un resultado diferente es absurdo e ilógico. Queremos tener paz pero irrespetamos a quienes piensan diferente, asumimos, juzgamos. No lograremos convivir sanamente si no somos benevolentes y tolerantes. El mundo necesita paz desde cada uno, con acciones y cambios reales, no solo con buenas intenciones.

Está en nuestras manos construir la paz. Cada uno, en cada pequeño espacio, en cada expresión, en cada afirmación, buscar la armonía y evitar el conflicto. De lo contrario, perderemos la oportunidad de lograr un mundo mejor.

INSTANTE (33) - El pequeño aporte

Respetar otra opinión sin molestarnos
y aceptar que de la diversidad se aprende
lograr que el respeto y la cordura primen
dar con alegría sin esperar nada a cambio
es aportar paz.
Hacer un reclamo sin enojo
con tono firme pero amable
incomodarnos un poco y ayudar al solitario
tratar a todos con empatía
es aportar paz.
Aquello que parece poco es un tesoro
para alguien que clama ser escuchado.
Una palabra dulce, un abrazo, una comida caliente
lograr la sonrisa de un anciano o que un niño coma
o que un enfermo reciba medicina.
No subestimes tu pequeño gran aporte...

¿Qué me da paz?

¿Es posible sentir y conservar la paz interior aún en medio
de situaciones complejas? Jesús demostró que sí lo es y nos
dijo que todos podemos lograrlo. Al afirmar *Mi paz no es
de este mundo*, nos advirtió que no esperemos encontrarla en
lo material, ni en este mundo terrenal, porque aquí no está.
Si tomamos la decisión contundente de anteponer nuestra
paz interior a cualquier otro deseo, priorizarla en todo lo que
hacemos, entendiendo que no es un tema de bienestar físico

sino espiritual, alcanzaremos un estado de armonía interna que se vive solamente al sentir a Dios.

Cuando tenemos esto claro, nos invade una sensación de paz que nos indica si hemos tomado o no la decisión correcta. El no angustiarnos ante un desafío, el dormir bien y permanecer tranquilos en medio de recias tormentas, es señal de que estamos confiando. Allí es donde radica la paz de Dios, cuando hemos eliminado el miedo y nos mantenemos seguros y confiados, porque sabemos que nada material puede amenazarnos y lo mejor ha de suceder. Dejamos de ver las cosas desde nuestras limitaciones humanas, no nos dejamos engañar.

A veces no sabemos cómo actuar en ciertas situaciones, y nos sentimos confundidos. Yo invito a acudir a la benevolencia, que es esencial en el camino de la paz, y al tomar una decisión, siempre preguntarnos:

Hacer esto, o pensar esto, o decir esto, ¿me da paz?

Si a cada momento tuviéramos presente esta pregunta, actuaríamos de manera diferente. Entenderíamos que somos responsables de cada decisión que tomamos.

Te invito a revisar esta lista y decidir cuál de estas actitudes, que te deberían dar paz, son parte de tu comportamiento normal:

Respetar una opinión diferente a la tuya____

Ponerte en los zapatos del otro ____

Callar la respuesta arrogante ____

Aceptar que a veces te equivocas ____

Reconocer que tienes cosas por cambiar ____

Renunciar a sentirte como víctima ____

Renunciar a actuar como víctima____

Observar y manejar tus emociones ____

Cuidar tu cuerpo ____

Ser positivo, optimista ____

Esperar lo mejor cuando hay incertidumbre____

Callar aunque pienses que tienes la razón____

Evitar discutir y priorizar la armonía____

Ser empático ____

Ser compasivo ____

Abstenerte de hablar mal de otros ____

Dejar de emitir opiniones que juzgan ____

Guardar un secreto____

No afirmar lo que no te consta____

No ponerle drama a cosas triviales____

Tú tienes las respuestas, y solo tú puedes hacer cambios para que todas las actitudes anteriores prevalezcan en tu vida.

La paz se lleva por dentro, se ofrece y se comparte; no se regatea ni se exige. Somos paz al no discriminar, al no ofender, al ofrecer un hombro amigo; al no juzgar, al no hablar mal de nadie, al bendecir en lugar de criticar; al dar sin esperar nada a cambio. En cada sonrisa amable, en cada respuesta suave, somos paz. La paz es un estado, no es propiedad de nadie y a la vez nos corresponde a todos.

Me da paz saber que mi paz es lo primero…

Lo que nos quita la paz

Todo cuanto nos quita la paz nos muestra que hay algo discordante en nuestros pensamientos; es necesario revisar cuál es su origen, cuáles son las creencias arraigadas en la mente que necesitamos revisar y cambiar. Es allí es donde debemos enfocarnos. De mucho sirve tener en cuenta todo lo aprendido: en lugar de pensar y repensar, observar la situación sin emoción para poder cambiarla.

Si depende de nosotros, actuemos, pues no hacerlo nos quita la paz; si está fuera de nuestras posibilidades, soltemos y confiemos, porque resistirnos también nos quita la paz.

Haz tu parte, que el universo hará lo suyo. No pretendas cambiar al mundo, cambia lo que de ti depende y deja el resto en manos de Dios.

Cuando te angustias, pierdes la paz. ¿Tienes fe?

Cuando sientes ira, pierdes la paz. ¿Qué tan paciente o tolerante eres, o qué tan reactivo?

Cuando te comparas con otros pierdes la paz. ¿Cuánto te valoras a ti mismo, o cuánto te amas?

Repitamos el ejercicio pasado y decide si alguna(s) de estas actitudes te está quitando la paz:

Siento miedo o angustia con frecuencia ____

Me enojo con facilidad____

Soy negativo y pienso lo peor en cada caso ____

Emito juicios o critico a otros____

Me gusta murmurar y contar chismes____

Me molesto si alguien se equivoca____

Me creo víctima __

Actúo como víctima__

Dramatizo para hacer sentir mal a alguien ____

Exagero cuando algo no sale bien____

Vivo estresado ____

Pienso solo en mí, en mi mundo ____

Soy indiferente al dolor ajeno ____

Escribe aquí las actitudes que te quitan la paz y que quieres mejorar _____

_____

_____

_____

_____

Hay, sin duda, muchas cosas externas que perturban nuestra paz, como por ejemplo la injusticia, la pobreza, el sufrimiento ajeno. Todo ello es parte de nuestro sentir empático, y es notable si nos entristece y nos afecta de alguna manera. Sin embargo, ante aquello que no podemos resolver, podemos buscar una manera eficiente de ayudar y de mitigar nuestra sensación de impotencia, quizá volvernos voluntarios, aportar a una causa, apoyar movimientos de ayuda, participar en los grupos dirigentes, y mucho más.

Cuando algo te angustia y sientes confusión, cuando el ego te tienta a dudar, cierra los ojos y recuerda quién eres. Repite las siguientes afirmaciones, sintiendo su profundidad, consciente de lo que cada afirmación implica:

INSTANTE (34) - Mantra de paz

(Basado en frases de Un Curso de Milagros)

Dios está conmigo.
Él me protege de todo esto.
Yo no puedo ser engañado.
Todo lo que quiero es paz.

Reflexionemos.

Dios está conmigo. Dios es Totalidad, Él está en todas partes. Estamos dentro de Él.

Él me protege de todo esto. Estás protegido por el amor de Dios, nada ilusorio puede hacerte daño.

Yo no puedo ser engañado. Este mundo de ilusiones no es real y tú lo sabes.

Todo lo que quiero es paz. Tienes claro cuál es tu prioridad, cuál es tu más valioso tesoro.

Esta es una oración poderosa para recuperar la paz.

Todo llega y todo pasa

Al ser humano le cuesta aceptar que el tiempo es efímero y vive estresado por el paso sin tregua de las manecillas del reloj. Vive corriendo contra él, bien para detenerlo o bien para adelantarlo. Le afecta no poderlo controlar, y su imparable carrera le causa estrés y ansiedad. Qué absurdos somos al no aceptar que nos dieron inteligencia para aprender a ser felices, no para vivir esclavos del ayer, ni del mañana.

¿Cómo podemos vivir en paz en un mundo tan inestable? Si viviéramos conscientes de que somos seres espirituales, y de que en este mundo material todo llega y todo pasa, de que lo que sucede hoy, y lo que sucedió ayer y hace un año, y hace veinte.... ha de pasar como el viento, pues no nos apegaríamos a nada ¡y no sufriríamos!

Si aceptamos que solo Dios y lo espiritual permanecerán por siempre, y que todo lo demás, todo pasará, podremos vivir en paz en un mundo tan inestable…

INSTANTE (35) - Todo pasará

Donde quiera que estés en este momento
en medio de abundancia o de escasez
rodeado de una multitud
o con el espejo como única compañía
observando un sol radiante
o sintiendo vientos de tormenta...
Recuerda que aquí estamos de paso
que nada material es para siempre.
Lo bueno y lo malo
lo hermoso y lo feo
lo joven y lo viejo
lo próspero y lo pobre.
Todo pasará.
La juventud, la vejez, también la apariencia
la prosperidad y el éxito
así la pérdida como la carencia
todo es perecedero, todo frágil, todo fugaz
todo parte de un sueño temporal.
¿Por qué darle entonces tanto valor a este sueño material?
No esperes estabilidad, paz interior, felicidad
de un mundo inestable, efímero e irreal.
Donde quiera que estés en este momento recuerda...
todo esto pasará.

Como la hoja que lleva el río

"Dios es la fortaleza en la que confío."
Un Curso de Milagros, Lección 47

Todos tenemos días buenos y días malos, días felices y días tristes, días de logros y días sin sentido. Todo puede pasar en el tren de la vida. Todo tipo de paisaje puede pasar frente a nosotros, incluso todo tipo de viajeros.

A veces vamos sentados, a veces nos toca de pie. A veces nos cargan, a veces nos toca cargar. ¿Cómo viajar para que los cambios no te afecten? Te van a afectar de todos modos, y eso es normal. No somos seres insensibles, hay emociones que debemos vivir, aceptar, y procesar, y eso es parte de la vida. Lo importante es aprender a que no afecten tu paz, y para ello debes usar los recursos que Dios te ha dado para continuar disfrutando del viaje. Dejar de creer que debe haber un paisaje perfecto para estar bien. Las hojas secas y la arena del camino tienen su propia belleza, intenta verla, pero no busques en ellas tu paz.

Mira la hoja que lleva el río, que a pesar de los torbellinos, confía en el cauce. Ella no se hunde, continúa flotando sin resistirse. Así quiero ser, así deberíamos ser, como una hoja sin cargas, livianos, que no se hunde en los remolinos de la corriente, y que fluye con la vida, porque confía...

Cada circunstancia que vives tiene una razón, y está en ti aprovecharla para tu propio crecimiento y aprendizaje. De cada vivencia puedes sacar algo bueno, y trascender. Eres parte de Dios, y esa certeza es la que da sentido a tu existencia. En este mundo no es el paisaje ni es el destino, sino cómo se viaja.

Como la hoja que lleva el río… que a pesar de las corrientes, confía en el cauce.

INSTANTE (36) - Fuera de ti

No busques fuera de ti
ni en tu cuerpo, ni en lo material.
En tu interior está la armonía del recorrido.
Con sabiduría dejarás de juzgar cada cosa
y vivirás libre de sentimientos que te esclavizan.
Libre de apegos, valorando y agradeciendo todo.

Un mundo de amor

No tengo duda de que a todos nos gustaría vivir en un mundo así. Imagina que todos pudiéramos entendernos, sin disgustarnos por nada. Un mundo donde no hubiera noticias dolorosas, ni abuso, ni violencia. El mundo ideal, sin muros ni fronteras, el mundo del amor. Parece imposible, ¿sabes por qué? Porque al ser humano se le olvidó que es un ser de paz y de amor. Porque la humanidad perdió el sentido real de su existencia, perdió la ruta y deambula en la oscuridad creando guerras y conflictos.

Se nos olvidó que nada es de nadie, y que todo es de todos. El deseo de dominar nos dominó, el afán del poder y la ambición. Le creímos al ego y hemos ido sembrando división entre los pueblos, propiciando culturas de odio y de separación. No respetamos a nuestros ancestros, acabamos con los recursos naturales, abusamos del más débil. Hemos perdido el rumbo.

INSTANTE (37) - Se necesita...

No esperemos un mundo mejor si no damos paz
si no ofrecemos amor, ni somos armonía.
No esperemos paz si somos injustos
indiferentes al sufrimiento ajeno.
No esperemos paz si nos creemos superiores
y olvidamos la consideración y el respeto
si no valoramos el trabajo de quien nos sirve
y creemos que solo lo nuestro vale.
No es necesario pensar lo mismo
solo se necesita tolerancia.
No es necesario que todo sea perfecto
solo se requiere un poco de humildad.
Saber ofrecer perdón es grandeza de espíritu.

La tarea es tuya, mía, de todos.

INSTANTE (38)- La fortaleza de Dios

No caigas en la trampa de la angustia.
No des poder a los fantasmas en tu imaginación.
No eres débil ni indefenso
el miedo está en tu mente.
No le creas al ego que te dice
que estás solo, que no puedes, que no vales
que no eres digno de amor
no le des poder...
No le creas al mundo cuando te grita
que estás rodeado de enemigos
que viniste a sufrir, que todo lo haces mal
y que el dolor es tu estado natural.
Confía en la fuerza de Dios en ti
recuerda Quién eres.
Dios es la fortaleza en la que confías
el amor con el que amas,
la paz con la que lograrás seguir.
Solo en paz verás la enseñanza
detrás de cada vivencia.
Solo en paz lograrás ver la realidad.
Dios es tu verdadera fortaleza.

8 La Caja de Herramientas

"Más vale usar pantuflas
que alfombrar el mundo".
Buda

Viajamos por la autopista de la vida con los recursos necesarios para el viaje, herramientas espirituales que no siempre utilizamos ¡se nos olvida que existen! Están ahí, son nuestro verdadero equipaje, y cuesta encontrarlas cuando hemos inundado el depósito de la mente con creencias, pensamientos, actitudes arraigadas, preocupaciones mundanas e innumerables distracciones. Las hemos perdido de vista. Permanecer alerta para usarlas en caso de emergencia, para manejar las emociones, para recordar quiénes somos, para no perder el enfoque, para aprender a ser felices, esa es la propuesta.

Por el camino hay dificultades de todo tipo, pues los retos materiales y emocionales son parte esencial del recorrido. Por momentos sentimos que no avanzamos, que otros nos atropellan, o que la ruta es demasiado complicada; sentimos que la tormenta no nos deja ver, que no hay señales claras, que el tráfico congestionado nos obliga a desviarnos, a veces a detenernos y esperar. ¿Estamos preparados para los impases del camino? Mantener nuestras valiosas herramientas listas y al alcance nos permite sentirnos seguros y sin miedo. Muchos maestros y filosofías han demostrado que al usarlas se alcanza la sabiduría espiritual, manteniendo la luz del alma, la tranquilidad de la mente y la salud del cuerpo.

Cada problema o cada situación es una oportunidad para mejorar, para superarnos. Sin retos no nos esforzaríamos por ser mejores, ni por aprender... Las olas a veces se calman, pero muy a menudo nos sacuden. Esos retos nos asustan y, si no nos hemos preparado, creeremos que el barco se hundirá porque elegimos enfrentarlos desde nuestra debilidad humana. Reaccionaremos temerosos, perderemos la confianza y deambularemos aterrados. Las crisis nos van puliendo como al diamante, poco a poco moldeando, como al David de Miguel Ángel...

Mantener nuestra caja de herramientas a la mano nos permite vivir y practicar el Amor Incondicional en todo momento. El amor, la benevolencia, la fe, la ausencia de juicios, el perdón, la tolerancia, la paciencia, la humildad, la compasión, la caridad, la sensatez, el respeto, el desapego, la bondad, son algunas de ellas, que deberíamos usar de manera permanente.

Las herramientas espirituales son virtudes que todos poseemos, que forman parte del Amor Incondicional y que ayudan al buen manejo emocional y a permanecer conscientes. Al saber que no hay mejor medicina que el Amor Incondicional que todo lo sana, que todo lo alivia y todo lo resuelve, vivimos confiados en los recursos que poseemos y mantendremos la mente libre de confusión y de conflicto.

Aunque las circunstancias no cambien, nuestra actitud cambiará y eso es lo que deseamos. Lo interesante es que al practicar la paz interior, nos volveremos expertos en viajar tranquilos sin que los obstáculos del camino nos intimiden ni nos impidan avanzar. Recordando que somos seres espirituales, la caja de herramientas será cada vez más fácil de usar.

Amor antes que todo

¿No es el amor el propósito de nuestra existencia? Lo es, aunque el mundo no lo reconozca. Aunque parezca que debemos defendernos y sobresalir, aunque a veces percibimos competidores en una arena llena de enemigos y leones, en realidad vinimos a amar en este sueño.

En ti Dios se proyecta. Eres Su creación perfecta y amorosa y como tal, debes honrarla: apreciarte, amarte y respetarte para poder para amar a otros, con la libertad de ser tú mismo. El verdadero amor libera, no depende de apegos ni crea dependencias. Aunque a veces los retos nos abruman, el amor es y seguirá siendo la única respuesta y debería estar presente en cada pensamiento, en cada respuesta, en cada acción.

Practica el Amor Incondicional, antes que todo.

INSTANTE (39) - Me amo y te amo

No puedo dar de lo que no tengo.
¿Cómo amar a otros si yo mismo no me amo?
Perdonar implica perdonarme yo primero
y valorarme para valorar al otro.
No puedo ayudar si no me ayudo
ni respetar si no me respeto yo primero.
No es egoísmo, no es vanidad
es amar de verdad.
La caridad empieza por casa
el amor empieza en mí.
Valoro el Ser maravilloso que Soy
y así te valoro a Ti.

INSTANTE (40) - Lo que importa

No importa tu historia, tampoco la mía.
No importan tus logros, ni los míos.
Ni tus títulos, ni tus bienes, ni los míos.
No importa tu apariencia, ni la mía.
Ni tu belleza ni tu inteligencia, ni las mías.
Ni tus errores y fracasos, tampoco los míos.
Todo eso es temporal, transitorio, efímero.
Solo importa aquello que nos une.
Tu esencia y la mía.
Gotas.
A Su Imagen y Semejanza.
Amor Incondicional.

Benevolencia

La mejor manera de simplificar nuestra vida y acortar el camino a la paz es actuar con benevolencia, una herramienta espiritual tan exacta que jamás nos falla, sea cual sea la circunstancia. Nos da claridad, nos da firmeza, como un faro en alta mar.

Todo se basa en nuestra intención. Que lo que pensemos sea benevolente, que no lastime, que no desee nada malo a nadie. Que lo que hagamos dé consuelo, alegre al triste y libere al oprimido. Que nuestra palabra sea benevolente de acuerdo con el amor que somos. No a veces, sino siempre, siempre…

Los pensamientos y las acciones, al igual que las palabras, tienen poder. Son energía pura que repercute en el universo, tienen un impacto. Somos responsables de lo que pensamos, hacemos y expresamos. Qué difícil parece, pero qué maravilloso poderlo lograr. Cuando somos benevolentes, estamos en la ruta segura, no hay lugar a equivocación. *¿Somos benevolentes?*

INSTANTE (41) - Palabra benevolente

Si nuestras palabras son dichas con Amor
a alguien van a bendecir
y si no, a alguien van a lastimar.
Si no es para decir algo bueno de alguien
es mejor callar.
Si no es un consejo de perdón
es mejor no aconsejar.
Si una opinión va a dañar la imagen de otro
es mejor no opinar.
Si lo que afirmamos no nos consta
aunque todos lo juren, es mejor no afirmar.
Aprender a cuidar lo que decimos
parte por cuidar lo que creemos
y lo que pensamos.
Ese es el desafío, benevolencia.

Fe

La Ley del Secreto dice que imaginemos y asumamos que eso que deseamos ya es nuestro, y se hará realidad. A unos les funciona, a muchos les coincide. Y... ¿cuando no sucede?, ¿cuando todos los esfuerzos parecen inútiles y al final vemos que aquello que tanto anhelábamos no sucedió?

El Espíritu Santo no nos dará nada que nos pueda hacer daño, dice Un Curso de Milagros. Se refiere a aquello que pueda amenazar nuestro crecimiento espiritual, por lo cual necesitamos entender que es cuestión de prioridades. Si lo que buscamos y deseamos de corazón es paz interna, todo deseo que nos pueda alejar de ella será inalcanzable. Aceptarlo es señal de claridad, de sabiduría y de mansedumbre.

Aprender a orar sin obsesiones para que suceda lo mejor suena simple, pero es difícil de entender y aún más difícil de aplicar. ¿Estamos listos a aceptar esta manera de pedir? ¿Estamos listos a afirmar *"todo lo que quiero es paz"* con decisión irrevocable? Confía en que estás ahora mismo en el sitio correcto, viviendo lo necesario, en el momento perfecto, todo para bien. Lo mejor ha de suceder, aunque todo parezca gris, aunque nada tenga sentido. No existe el caos más que en tu propia mente, pues cada cosa que pasa tiene una razón y un propósito que no siempre comprendemos. El universo funciona de manera sabia. Lo que parece negativo, traumático, forma parte de un equilibrio en algún lugar del cosmos. Confía en la armonía universal que nunca falla. Confía en la quietud, ella en sí misma es movimiento, ella en sí misma es vida, es libertad. Confía.

La fe no es otra cosa que tener confianza absoluta sin perder la paz. La fe es plenitud, es tranquilidad, es confianza inquebrantable. La fe es comprensión y sintonía con el Creador. La fe es la herramienta poderosa que mueve montañas, cuando se convierte en la certeza de que todo sucede por una buena razón. La fe es la herramienta que mantiene la esperanza y también la convicción.
La fe es el sustento del alma.

Compasión

Se requiere compasión no solo para ayudar a otros, sino para dejar de juzgar. Por eso es una herramienta tan liberadora. *"No juzguéis, y no seréis juzgados"* fue uno de los mensajes más importantes que nos dio Jesús. Imagino que repitió muchas veces este valioso consejo, tantas como la profundidad del mismo lo requiere, porque sabía que el juicio es nuestro peor enemigo y nos lo quiso advertir. Sin embargo, es lo que más hacemos todo el tiempo: juzgar. ¡Y nos parece normal hacerlo! Todo pensamiento de crítica, de censura o de comparación, es otro eslabón en la pesada cadena de esclavitud que hemos escogido. Cada palabra, cada opinión no benevolente, es un eslabón más. Cada vez que hablamos mal de alguien, aún si aparentemente lo merece o si creemos tener la razón, seguimos alargando la cadena, que se vuelve más y más pesada, e interminable... En la ausencia del juicio radica nuestra verdadera libertad, allí donde la compasión prevalece.

Nos encadenamos a nuestros juicios al criticar, al asumir, al condenar. Juzgar nos nubla la razón y oculta bajo densas nubes grises la visión espiritual. Vivimos viendo en los demás algo para criticar en lugar de mirarnos a nosotros mismos para mejorar. Y dejamos de ver a Dios en el otro. Nos falta compasión.

Pensemos. Una cosa es tener un criterio o punto de vista, y otra es juzgar. Cada vez que juzgamos asumimos que estamos bien y el otro mal. ¡Qué ilusos somos al pretender que tenemos los elementos para hacer un juicio de los demás! Cada situación tiene infinitas interpretaciones y formas de analizarse. ¿Quién tiene entonces la razón? ¿Quién puede certificar que aquello que yo creo o pienso es lo correcto? Es muy fácil criticar a alguien sin conocer a fondo sus problemas y desafíos, sus razones internas.

"Nadie debería juzgar, nadie, a no ser que con absoluta sinceridad pudiera asegurar que, en una situación similar, actuaría de manera diferente." Viktor Frankl.

Recordemos, todo esto se trata de nuestra paz. Practicando aprenderemos a observar si estamos juzgando, y a cambiar esa tendencia. Recuperar la compasión y la empatía, y dejar de juzgar. ¿Es fácil? No, no lo es. Se requiere estar alerta para reemplazar el juicio por algo positivo: hacer rápidamente una lista de las cualidades de la persona, agradecerle por algo que haya hecho por nosotros o por otros, tratar de ponernos en sus zapatos para entenderlo mejor. Recordar que no somos autoridad para juzgar a nadie ni nos corresponde hacerlo. Estas simples técnicas neutralizan el pensamiento enjuiciador y nos ayudan a salirnos del *modo juicio* para asumir una actitud empática, que es la manera como respetamos los zapatos del otro.

Los principales beneficiados al dejar de juzgar somos nosotros, no solo porque nos liberamos de pesadas cadenas, sino porque ocuparemos la mente con empatía y consideración, con pensamientos constructivos, y seremos capaces de convivir con los demás disfrutando lo mejor de cada uno. ¿Has tratado de observar a alguien sin juzgarlo? Si ya lo haces sabes lo maravilloso y liberador que es. Poco a poco podemos reemplazar el hábito de juzgar por una actitud empática y respetuosa. Como lo hacen los niños, sin importar la apariencia, miran con los ojos del alma. Los niños juegan entre sí, no se juzgan; a ratos pelean pero siempre se abrazan y siguen jugando. Los niños no se enredan en lo superfluo, para ellos lo importante es disfrutar, tienen claro su propósito.

La compasión nos ayuda a ser como niños, pues prevalece la bondad y la buena intención del pensamiento. Así recuperamos la inocencia, y descubrimos al niño interior, al que hemos mantenido escondido por años. Es la única manera de avanzar sin distraernos en juicios que nos alejan de la paz.

Perdón

No hay nada más valioso que la paz interior, a la cual se llega a través de algo tan sencillo, pero tan complejo a la vez, como lo es el perdón. Perdonar es renunciar a la esclavitud, allí radica la verdadera libertad.

No mantengas a nadie prisionero de tu resentimiento o de tu rencor, para que así seas libre. Cualquier instante es perfecto para decirle a alguien que lo amas a pesar de lo que haya sucedido y que en tu corazón no hay espacio para el rencor. Cualquier instante es el perfecto para reconocer tu error y ofrecer una disculpa. A veces esperamos demasiado tiempo y mientras tanto sufrimos o hacemos sufrir a alguien más, sin necesidad.

La mejor señal de que hemos perdonado es cuando no hay nada qué perdonar. El perdón consiste en dejar de percibir el error y reconocer la enseñanza detrás de cada situación, y al maestro en cada personaje de tu libreto. Pide siempre ver al mundo perdonado, deja de buscar culpables, y te liberarás del peso que te agobia. *El perdón es la herramienta espiritual de la liberación: es la llave de la felicidad.*

Un Curso de Milagros, Lección 122, 1:1-6, 2:1

"¿Qué podrías desear que el perdón no pudiese ofrecerte? ¿Deseas paz? El perdón te la ofrece, ¿Deseas ser feliz, tener una mente serena, certeza de propósito y una sensación de belleza y de ser valioso que trasciende el mundo?

¿Deseas cuidados y seguridad, y disponer siempre del calor de una protección segura? ¿Deseas una quietud que no pueda ser perturbada, una mansedumbre eternamente invulnerable, una profunda y permanente sensación de bienestar, así como un descanso tan perfecto que nada jamás pueda interrumpirlo? El perdón te ofrece todo eso y más."

Si una persona no te deja crecer a pesar de tus intentos de mantener la paz y no ves otra posibilidad, puedes alejarte de ella si tus circunstancias lo permiten. Pero hazlo con tranquilidad, con amor, sin resentimientos. Bendícela y sigue tu camino… El perdón real deshace el error. Ese es el verdadero sentido del perdón. No oprime, no condena al perdonado, ni convierte a quien perdona en alguien superior. Simplemente deshace la creencia en la condena.

Y, ¿si necesitas pedir perdón? Comienza por perdonarte y reconciliarte interiormente. Una vez esa sanación suceda, estás listo para pedir perdón sincero y sin dolor, lo cual te ahorra malestar, y te ofrece la humildad. Te libera.

Somos esclavos de aquello que no hemos perdonado y del juicio que condena y señala culpas propias o ajenas. Por nuestra paz interior, por la armonía, por una vida sin cargas ni cadenas, debemos deshacer el error y abrazar el Amor Incondicional. *Perdonar de verdad.*

Gratitud

Despertaste esta mañana y quizá sonreíste. Abrazaste a tus hijos, saludaste a tu pareja, tomaste un delicioso desayuno. Quizá sin saludar a nadie de inmediato hiciste la lista mental de todo aquello que te agobia y te preocupa. O saludaste con el ceño fruncido y la molestia en la espalda, el dolor en el cuello que te recuerda que hoy tienes un pago grande por hacer, que debes entregar un gran proyecto y no logras terminarlo aún, o que un ser querido está enfermo y no sabes cómo reaccionar.

Si una sonrisa de gratitud es lo primero que hacemos en la mañana, veremos cómo poco a poco el hábito de agradecer se irá incorporando a nuestra rutina naturalmente. El cerebro sentirá nuestra sonrisa y nos dará buenas dosis de bienestar. Nuestro cuerpo sentirá la tranquilidad de la mente, en sincronía con el espíritu.

Vivir en *modo gratitud* es una decisión no solo amorosa sino inteligente para avanzar en el camino hacia la felicidad. A la vez, la gratitud nos hace humildes y nos sintoniza con el Amor Incondicional. Al hacer la lista de todo lo que tenemos por agradecer entramos en un estado de apreciación de la existencia misma, a valorar nuestra experiencia y a reconocer el privilegio de existir.

La gratitud es la herramienta que abre las ventanas de la Paz. El maravilloso libro *Viviendo en modo agradecido*, de Jeanette Salvatierra, es una invitación a vivir en un estado permanente de gratitud. Hagamos la prueba y sintamos la bendición de agradecer.

Observa al personaje que representas en tu libreto. Sin juzgarlo, haz la lista de las cualidades que te gustan de él y sonríe agradecido. Este simple ejercicio de valoración positiva te permite apreciar tu personaje, y acostumbrar a tu percepción mental a ver en los demás las cualidades que tienen, y a agradecer por ellas.

Si en este momento todo está bien en tu vida, cierra los ojos y agradece. En tu prosperidad, da gracias por poder compartir tu bienestar con quienes lo necesitan. Y si hay tienes situaciones difíciles, cierra los ojos y busca algo por lo cual agradecer. Sonríe y confía, pronto los nubarrones se irán y haz de ver el sol.

Siempre hay un motivo para dar las gracias: la sonrisa de un niño, el perfume de una flor, una taza de café preparado con amor, el abrazo de tu hijo, la sonrisa de tu madre. Agradece los abrazos, la amistad, el afecto, la solidaridad, la estima, la compasión… La lista es interminable.

Si todo lo que quieres es paz, en toda circunstancia busca los motivos para agradecer. No tienes auto, pero tienes pies para caminar. Hoy llueve fuerte, pero tienes refugio. Tienes un nuevo reto, pero eso te obliga a reinventarte. No te gusta tu trabajo, pero tienes un empleo. Busca motivos para agradecer, hay muchos y a veces no los valoramos como las bendiciones que son. Y nos quejamos a cambio.

Da un giro de 180 grados a tu percepción a través de la gratitud, si todo lo que quieres es paz.

INSTANTE (42) - El privilegio de dar

Es de sabios agradecer por lo que hemos dado.
Por lo que hemos compartido o cedido
para que otro pudiese tenerlo.
Gracias por poder dar poco o mucho
aunque no sea dinero, quizá nuestro tiempo
quizá una enseñanza o nuestros talentos.
Gracias por cada abrazo, por cada sonrisa
por cada gesto afectuoso.
Si no se valora lo que damos, no nos importe
dar y recibir son lo mismo
el sentido de dar es agradecer

el poder hacerlo.
Gracias por poder ofrecer y compartir.
Gracias por el privilegio de dar.

INSTANTE (43) - Gratitud

Agradecidos por lo que somos y tenemos
y por el camino recorrido.
Conscientes de que todo, aún lo no logrado
especialmente lo no logrado, es parte del plan.
Es de sabios agradecer aquello que no se dio
quizá de algo nos protegió.
Gratitud que derrumba muros
que abre puertas inimaginables
que nos deja apreciar el valor del otro
que nos lleva raudos a descubrir la paz.

Agradecer es una actitud benevolente, al reconocer que nos
han ayudado, que nos han servido que nos han dado una mano.
Agradecer es una forma de entender la grandeza del amor que
abunda en nuestra vida.

Oración

La oración es la herramienta terapéutica más poderosa para comunicarnos con la divinidad de forma consciente, la mejor manera de sosegar la mente. Es la terapia que nos calma, que revive la esperanza y reduce intensidad al miedo que por momentos nos domina. La oración activa la parte de la mente donde reside la consciencia de Dios.

Orar es sentir el Amor de Dios y fusionarse con Él en un estado de paz interior que no podemos explicar, pero sí podemos sentir. Al orar la mente se sosiega y también se fortalece. Dejamos de ser débiles al recordar que no estamos solos, que Dios está a cargo, lo cual nos da tranquilidad y esperanza. Al soltar lo que nos preocupa confiamos en Su fortaleza y continuamos el camino.

Si hay angustia en nuestra oración, necesitamos respirar profundamente hasta calmar la mente. Lo que decimos a Dios en realidad nos lo decimos a nosotros mismos. Por ello los mantras o las oraciones repetitivas son un gran recurso para llevarnos a un estado de calma interior, que es cuando el milagro de la paz sucede. Sus recursos son infinitos, inagotables, a veces inexplicables, aunque las soluciones no siempre llegan en la forma que queremos. Si hay fe, aceptamos que todo lo que sucede tiene una buena razón, aún si no la comprendemos en el momento. Confiamos en la sabiduría del universo, a sabiendas de que no es nuestra debilidad sino la fortaleza de Dios la que está a cargo. Esa certeza es la única manera de conservar el sosiego en medio de las dificultades, cualquiera que sea el desenlace.

Si después de orar seguimos angustiados, pensando en nuestras limitaciones y temerosos de lo que vaya a suceder, entonces la oración no ha surtido su efecto terapéutico y sanador: hemos recitado, pero no hemos conectado con Dios, no le hemos entregado la situación ni hemos soltado. Tratamos de competir con Él cuando oramos concentrados en el cómo, queriendo que sea a nuestro modo, y olvidamos que ni el *qué*, ni el *cómo*, dependen de nosotros. Aunque el mundo insista en mostrar amenazas y tormentas, Dios actúa sin limitaciones, ya que los imposibles no existen para Él. Vano esfuerzo es decirle a Dios acerca de nuestras tribulaciones si seguimos pensando que ellas son superiores a Él.

Desapego

¿Qué es lo más importante en nuestra vida? ¿Es la familia acaso? ¿O es el cuerpo, la salud, el bienestar? ¿Quizá el trabajo, los sueños, las finanzas? ¿Los hijos? Da tranquilidad el saber que todo lo que nos importa esté bien. Pero a ratos nos asalta una sensación de ansiedad que no logramos entender. Quizá hay un temor interno, soterrado, de que todo eso pueda cambiar: ahí puede estar la razón de nuestra ansiedad. Es quizá la angustia que da el saber que nada está bajo nuestro control.

Caminamos aferrados, encadenados a las personas y a las cosas como si fueran eternos y nos pertenecieran. Nuestro deseo más profundo es que aquel o aquello que amamos o que poseemos dure para siempre: apellidos, juventud, posición laboral, auto, casa, enamoramiento, salud, belleza, reconocimiento social, pareja, hijos, padres, familia, amigos, patrimonio, bienes, y claro, el infaltable dinero.

Olvidamos que el tiempo pasa y que a pesar de lo que hagamos, todo es temporal; que todo nace y todo muere; que el cuerpo dejará de existir sin que podamos evitarlo; que lo que es nuestro hoy, mañana ya no lo será; que nada físico es eterno; que nuestro paso por este mundo tridimensional es fugaz como un sueño y que nuestro único destino es el despertar. Los ciclos de la vida son inevitables: los hijos llegan y un día se van; el amor romántico evoluciona; las pasiones juveniles se evaporan; la juventud se va demasiado rápido, y con ella la algarabía de los éxitos... Y aún así, ¡seguimos apegados!

Identificarnos con nuestro rol, o con lo que tenemos, o con lo que hemos logrado, nos aleja de la consciencia. Si nuestra tranquilidad depende de que todo esté bien y estable, de que nuestros seres amados sean exitosos y nuestras expectativas se cumplan, o de la ausencia de problemas, estamos confiando en lo efímero de la vida, porque todo ha de cambiar. Olvidamos que solo el Amor de Dios permanecerá en toda circunstancia.

Es difícil aceptar que sin el único que no podemos vivir es sin Dios. No quiere decir no apreciar a las personas, o no amarlas y disfrutarlas. El amor que libera nos permite amarlas sin ataduras ni dependencia, sin conferirles nuestro sentido de identidad ni asignarles la responsabilidad de nuestra felicidad.

Ver la vida de otra manera nos hace entender que mientras más apegos tenemos, menos libres somos. Que mientras más nos enamoremos de los aplausos y de los honores, más ataduras nos ponemos. El camino más seguro al sufrimiento es el apego, que nos hace olvidar que el cambio es parte esencial del recorrido, lo único seguro que hay en este mundo terrenal. Los cambios provocan angustia al esfumarse lo que tanto nos importa, y ansiedad ante los ajustes que nos vemos obligados a realizar.

Los cambios no nos avisan, el paisaje puede cambiar repentinamente, las relaciones se transforman, lo importante es no descuidar nuestro aprendizaje para no perder la paz. Dejar que los hijos tomen su camino es una parte dolorosa pero inevitable, y bendecirlos y entregarlos a Dios *sin sufrir* es lo más sabio que podemos hacer.

El estrés y los pensamientos tormentosos son somatizados por el cuerpo sin remedio. Siempre habrá razones para perder la paz o para frustrarnos, pero cada uno decide si vuelve su viaje un infierno o si ve el cielo dentro de sí a pesar de los nubarrones grises. Cuando tenemos claro que todo lo que deseamos es paz, logramos ignorar al ego y disfrutar sin temor las bendiciones que tenemos, sin apegarnos. Recordemos, *todo está en la mente*.

Dar al dinero su justa importancia, como una energía que mueve al mundo para crear posibilidades de bienestar, sin convertirlo en un dios, nos libera. La abundancia es una actitud; quien vive atesorando dinero tiene miedo a la carencia. *"Era tan pobre, tan pobre, que lo único que tenía era dinero"*, afirma un dicho popular.

El desapego es una lección compleja porque creemos que no podemos vivir sin aquellos a quienes amamos. ¡Qué difícil separar el amor de la dependencia y el apego! Pero cuando lo logramos, el desapego se convierte en la herramienta que nos ayuda a amar sin temor ni obsesión, a valorar lo sencillo de la vida. A no ponerle precio a lo que tiene valor, y a quitarle valor a lo que depende del precio. El desapego nos lleva a reducir, e incluso a eliminar, las expectativas materiales que tanto daño nos causan. A vivir el aquí y el ahora en plenitud. A cuidar la paz interior como nuestro más preciado tesoro.

INSTANTE (44) - Sin apegos

Todo cuanto hoy tenemos no fue nuestro ayer
ni mañana lo será
entonces... ¿para qué nos apegamos?
Erróneamente hemos creído
que las personas y las cosas nos pertenecen...
pero nada nos pertenece.
Todo cuanto poseemos nos ha sido dado aquí
y aquí hemos de dejarlo...
Todo cuanto sucede tiene una buena razón
todo pasa en el tiempo perfecto
y de la manera correcta.
Creer que ser felices es poseer cosas
nos condena a la infelicidad
pues todo dejará de ser nuestro
inevitablemente.

Lo material ofrece una ilusión de
efímera felicidad.
Todo es de todos, y a la vez nada es de nadie
y todo ha de quedar atrás
al aceptarlo, renunciamos a sufrir.
Sin nada hemos venido
sin nada hemos de irnos.
En esa consciencia radica el desapego.

En lo simple reposa el secreto de la libertad. Mientras menos importancia demos a lo que nos gusta, menos posibilidades hay de apegarnos. El afecto a las cosas se reduce a su utilidad, y cada cosa tiene el significado que cada uno le asigna. Es la simplicidad la que nos libera, y son los apegos los que nos encadenan.

INSTANTE (45) - Sin nada

(Inspirado en el El Bhagavad Gita o Canto del Señor.)

Nada aquí nos pertenece.
Nacimos sin nada y sin nada hemos de irnos.
No trajimos creencias, aquí las adquirimos.
No trajimos juicios, aquí los aprendimos.
No trajimos apegos, aquí los conocimos.
No trajimos miedos, ni ego, ni resentimientos.
Ni dinero, ni posesiones, ni éxito. Nada trajimos.
Sin nada vinimos, sin nada nos iremos. Sin nada.

Júbilo

El júbilo es la alegría interna y entusiasmo por la vida al sentir el amor que somos. Se activa la energía sanadora de la gratitud y sentimos un gozo que queremos compartir con todo el mundo. Como niños, queremos que otros se sientan tan jubilosos y libres como nosotros.

¿Te sientes mal, deprimido, cansado y sin ánimo de vivir? Busca el júbilo en tu caja de herramientas. Empieza por agradecer lo bueno que hay en tu vida, para que puedas abrir la ventana y ver un destello de luz. Y luego ¡sonríe! Así le das la orden al cerebro para que libere las endorfinas que traen bienestar y mejoran el estado de ánimo. Respira mientras observas el proceso y continúa sonriendo, ojalá en un entorno tranquilo, de meditación y de calma.

Al tomar control de tu bienestar estás entrando en un estado de sosiego, te estás nutriendo de amor y, poco a poco, empiezas a sentir la alegría de vivir.

Recuerda quién eres. Ese recuerdo debería ser suficiente para que el júbilo impregne tu alma.

INSTANTE (46) - Sonríe

En este momento te invito a sonreír
y encontrar razones para sentirte bien.

Agradece el despertar de la mañana
el amanecer, el día que ahora vives.
Respiras, eres consciente
tienes una mente y un cuerpo.
Sonríe y agradece.

Te duele la partida de un ser querido
agradece el haberlo tenido
su esencia espiritual nunca parte
sigue contigo por siempre.
Sonríe y agradece.

Tienes un trabajo que no te agrada
pero puedes trabajar.
Tienes que limpiar y es duro
pero tienes manos para hacerlo.
Sonríe y agradece.

Te sientes solo, sonríe
te amas y siempre estás con Dios.
Te preocupa el futuro, sonríe y confía
lo mejor ha de suceder.
Sonríe, sonríe y agradece.

El júbilo reposa en tu caja de herramientas y está listo para alegrarte la vida. Busca las razones para sentirte bien y decide que hoy será en tu vida un día positivo, un día jubiloso, lleno de sonrisas del alma. Recuerda que eres espíritu, nunca estás solo. Pide paz, pide sabiduría y se te dará.

Un Curso de Milagros, Cap 11, 4:5-6, 8

"Yo te daré la lámpara y te acompañaré. No harás este viaje solo. ¿Cómo no responder jubilosamente a la llamada del amor?"

Humildad

La más grande de las virtudes y a la vez la más difícil de utilizar, la que el mundo mira sin aprecio e interpreta como debilidad, es la humildad. Es la herramienta más brillante, la luz más grandiosa que disipa al ego de inmediato. La humildad es la negación misma del egoísmo, el cual no tiene cabida en un corazón humilde.

En el mundo espiritual la humildad es la verdadera grandeza, manifiesta cuando aceptamos que somos como todos, valiosos como todos, amorosos e inocentes como todos, cuando soltamos el deseo de sobresalir. Cuando no vivimos de triunfar, ni de brillar, ni de secretas satisfacciones.

Bendita humildad que nos abres el camino y descorres los velos que cubren la luz. Contigo recordamos que ser hijos de Dios es lo que nos hace grandes. Que no vinimos a juzgar sino a amar y a servir sin expectativas, agradecidos de poder hacerlo. *Bendita humildad, cuán valiosa la libertad que ofreces.*

INSTANTE (47) - Aceptar

Aceptar que necesitamos aprender
es muestra de humildad.
Recordar que Dios es nuestra fortaleza
soltar y confiar
reconocer que nos hemos equivocado
son muestra de humildad.
Dar sin esperar nada a cambio
perdonar
aceptar que no somos perfectos
entender el dolor del otro
renunciar a responder a un ataque
es muestra de humildad.
Amar Incondicionalmente
es muestra de humildad.

Calma

La voz que más escuchas es tu propia voz. Está contigo todo el día. Es tu compañera permanente, en un diálogo interior inevitable que sucede sin siquiera darte cuenta: es la voz de la mente que te acompaña.

Aunque parezca difícil, todos podemos controlar la mente y sus pensamientos. Eres el observador y tienes el control remoto. Es tu mente confusa quien decide permanecer en el canal negativo —justificando tu resentimiento, juzgando y criticando, alimentando el pesimismo y la falta de fe—; pero es tu verdadero Yo, si así lo concientizas, quien puede hacer el cambio al canal del Amor Incondicional, allí donde hay calma, optimismo, paz interior, perdón, tolerancia, gratitud.

Es una herramienta de cordura, la calma. Deberíamos procurarla siempre. Es responsabilidad de cada uno buscarla para mantener la paz, y ello requiere dejar la comodidad de culpar a los demás o a las cosas que pasan, a la economía o al gobierno, y a cambio buscar recuperarla. Si te quitan la calma, deja de ver noticias sensacionalistas. Si te estresas demasiado, no hagas mil cosas al mismo tiempo. Dale espacio a tu cuerpo para el descanso, para la meditación, para el sueño completo.

Prioriza aquello que calma y sosiega tu vida. Deja de querer ser el superhéroe de mil tareas, y organiza tu día de la manera adecuada. Recuerda que el ciclo de las 24 horas tiene un sentido que deberíamos respetar para mantener el equilibrio mental, emocional y corporal: ocho horas de productividad; ocho horas para actividades lúdicas —de actividades familiares, sociales, intelectuales, ejercicio— y ocho horas para descansar y recuperar la energía.

La calma te permite ver más nítidamente, te da la claridad mental para pedir sabiduría, para tomar decisiones adecuadas sin dejarte llevar por emociones del momento, ni por la angustia amenazante. Ella te ayuda a dar la mirada espiritual a cada situación con serenidad, de manera que puedas ver más allá de lo obvio y trascender el contenido de la experiencia. De esa manera sintonizas con el Amor Incondicional, ya que la calma no estimula sino que tranquiliza los cinco sentidos, y apacigua el pensamiento.

Un Curso de Milagros, Cap 12, 5:6

"Aprende a mantenerte sereno en medio de la agitación, pues la quietud supone el final de la lucha y en esto consiste la jornada de la paz. En el amor perfecto no hay miedo."

Tolerancia

Cuando alguien no piensa como nosotros, tenemos en las manos la oportunidad de practicar lo aprendido. Es una manera de ver las diferencias a favor y no en contra. Suena ilógico, ¿verdad? Por supuesto, a los ojos del ego, aquel que piensa diferente es un oponente y debemos defendernos, tomar su opinión como algo personal y sentirnos atacados. Eso es lo que hemos hecho siempre y no nos ha dado paz, pues hemos terminado disgustados con esa persona, o siendo injustos, maltratando o quizá guardando un doloroso resentimiento.

La buena noticia es que podemos volver a escoger, sin dramatizar el diferente punto de vista. El tiempo da la razón, y podemos buscar maneras de que la persona, que a nuestro juicio está equivocada, se dé cuenta de su error. Sin embargo, acudir a la tolerancia es una decisión sabia para no alargar discusiones que no son relevantes. Escuchamos de peleas entre hermanos o amigos por diferencias religiosas o políticas. Nada más absurdo, se terminan relaciones sagradas por cuenta de no respetar las diversas formas de pensar, y claro, por no priorizar la paz, que es nuestro real propósito.

Pretender que los demás piensen como nosotros o actúen como quisiéramos nos lleva a una frustración innecesaria e inevitable. La diversidad de etnias y culturas es una invitación a abrir nuestra mente y reconocer, humildemente, la valía de cada ser humano como es, no como quisiéramos que fuera. Ser tolerantes es otra forma de liberarnos, ¿por qué insistimos en separarnos? Nos molesta si no nos escuchan o si no convencemos al otro. Nos enredamos en la diferencia y olvidamos ir a la esencia de las relaciones, y de las personas.

El Dalai Lama nos recuerda que todos tenemos las mismas necesidades, las mismas carencias, los mismos deseos. Todos somos hijos, todos hemos sido bebés, todos amamos a alguien. Todos queremos ser felices y evitar el sufrimiento. Sin importar raza ni cultura, color ni posición social o económica; sin importar gustos, posesiones, éxitos o fracasos; todos somos uno en esencia, parte de un solo Dios. O bien lo aceptamos y nos unimos en amor, o viviremos separados, amargados y convencidos de que este mundo de división y de etiquetas nos dará paz. Jesús fué un maestro de Amor Incondicional y de perdón, y no vino a dividir sino a unir. *La tolerancia posibilita la unión y nos permite asumir nuestra responsabilidad de ser paz.*

Y muchas más...

Son maravillosas las virtudes que forman parte del Amor Incondicional que Somos, herramientas espirituales que nos dan a la vez la sabiduría emocional. Mansedumbre, paciencia, bondad, sencillez, empatía, compasión, honestidad, prudencia, respeto, y muchas, muchas más. Todas a nuestro alcance a cada momento.

A veces no sabemos qué hacer ni cómo actuar, cómo responder ante una ofensa o un ataque, ante una enfermedad o una noticia dolorosa. No faltarán las ocasiones en que nos sentimos atropellados, abusados por los demás, y con deseos de reaccionar. Son esos los momentos en que debemos hacer un alto en el camino para revisar qué debemos aprender de cada situación y cuál es la manera de resolverla, acudiendo a las herramientas adecuadas para continuar en paz y seguros.
Tratar de encontrar las respuestas sin el Amor Incondicional es poner la esperanza en nuestra debilidad humana, y ello nos hace vulnerables. Es de sabios escuchar a la intuición, que desde la calma nos transmite la voz de Dios.

Cuando no sepas qué hacer, no hagas nada. Respira profundo y pide sabiduría. La respuesta llegará. Si no sientes la paz para tomar una decisión, no la tomes, deja todo en manos de Aquel que todo lo conoce, y confía.

Puedes repetir esta maravillosa oración:

Un Curso de Milagros, Cap 2, 18:2-6

"Estoy aquí únicamente para ser útil. Estoy aquí en representación de Aquel que me envió. No tengo que preocuparme por lo que debo decir ni por lo que debo hacer, pues Aquel que me envió me guiará. Me siento satisfecho de estar dondequiera que Él desee, porque sé que Él estará allí conmigo. Sanaré a medida que le permita enseñarme a sanar".

9 Todo lo que quiero es paz

El verdadero éxito de un ser humano
se mide en su capacidad de vivir en paz.

Todo lo que quiero es paz, es una hermosa afirmación que cambia nuestra vida para siempre cuando es producto de una decisión consciente. Desde ese momento en adelante todo lo que vivimos tendrá otro sentido. Aquello que nos parecía tan grave se convierte en una oportunidad para dejar el drama y soltar prejuicios y creencias erradas, en una motivación para cambiar y mejorar. Y lo que parecía tan importante en el contexto físico deja de serlo, las apariencias y sus mieles no logran engañarnos.

Nos volvemos observadores de nuestras emociones, que ya no responden al ego alborotado sino al Amor Incondicional, conscientes de que la paz es lo primero. Nos dejan de afectar cosas o personas que antes nos alteraban y nos sacaban de quicio; soltamos las máscaras y nos volvemos más auténticos y más sencillos en el trato con los demás; las relaciones comienzan a fluir de *alma a alma*, dejando atrás el modo *ego a ego* al que estábamos tan habituados; el amor se vuelve nuestro lenguaje cotidiano. El vivir del qué dirán y de lo que otros hagan pasa a ser cosa del pasado. Y si hay conflictos, resolverlos amablemente, con compasión, con benevolencia.

Es entonces cuando vemos la belleza de los demás que antes ni siquiera percibíamos, pues al dejar de fijarnos en lo imperfecto y en lo "digno de criticar", posamos los ojos del alma en lo valioso de cada persona, en su necesidad de ser escuchada, atendida, amada. Y logramos ver el valor de los pequeños detalles, nos volvemos sensibles a momentos y privilegios invaluables: un desayuno en familia, la ducha en las mañanas, el aire que respiramos, la sonrisa de un niño y el vuelo de un pajarito, un abrazo. Sentimos la vida, y el tiempo deja de pasar ante nuestros ojos para volverse un instante presente, permanente.

¡Qué alegría aprender a callar ante discusiones inútiles y a mantener la calma ante ciertos desafíos! Dejar de dramatizar, medir el tono con que hablamos, no disgustarnos fácilmente, sentir asomos de humildad, no perder la paz... ¡no tiene precio! Hemos cambiado.

INSTANTE (48) - Decido ser feliz

La felicidad es mi paz interior.
Las tentaciones de juzgar y criticar
de guardar rencor, y tantas otras...
atentan contra mi felicidad
y he decidido ser feliz.
Feliz con lo poco, feliz con lo mucho
conmigo mismo y con los demás
aunque caiga, cuando me levanto
cuando triunfe e incluso al perder.
Feliz cuando todo es estable y tranquilo
y también si las cosas no están bien
cuando expreso y también cuando callo
he decidido ser feliz.
Feliz cuando doy sin esperar nada a cambio
al recibir, al abrazar, al perdonar.
En medio de retos, de situaciones tensas
he decidido ser feliz.
Ser feliz es una decisión de cada uno.
De cada instante.

Ser feliz genera una expresión corporal de ánimo y energía, que manifiesta la alegría interna. Si pensamos y actuamos positivamente, la mente fluirá y el cuerpo se relajará. Caminaremos erguidos y livianos de emociones, enfocados y seguros de que hemos escogido la ruta correcta. Es nuestra decisión consciente.

Todo lo que queremos es paz.

Renuncia a sufrir

No le enseñes a tu mente a sufrir. Más tarde costará demasiado que entienda que su sufrimiento es inútil.

Aprendí del budismo que sufrimos cuando no entendemos la esencia de la vida. Puede sonar controversial, pero al analizarlo con cuidado, cobra sentido. Yo diría que evitar el sufrimiento para cuidar la paz es la más sabia decisión. Algo muy diferente es el sentir dolor y compasión, los cuales nos motivan a orar por alguien, a ayudar, sin confundir el deseo de ayudar con solidarizarnos con el sufrimiento, lo cual nada aporta. "*El dolor es inevitable, el sufrimiento es opcional*". Buda.

Veamos. Si hay algo que podemos cambiar ¿tiene sentido sufrir? Si hacemos lo que nos corresponde, se elimina el sufrimiento. De no hacerlo nos sentiremos culpables, ansiosos, tensos, frustrados. Sufriremos sin necesidad. Pero… si no depende de nosotros ¿tiene sentido sufrir? Si aceptamos que no tenemos el control, se elimina el sufrimiento. De no hacerlo y nos resistimos, también nos sentiremos culpables, ansiosos, tensos, frustrados. Sufriremos sin necesidad. En cualquiera de los dos casos… ¡sufrimos sin necesidad!

INSTANTE (49) - Sin sufrir

Si lo puedes cambiar, cámbialo
y dejarás de sufrir. Tendrás paz.
Si no lo puedes cambiar, acéptalo
y dejarás de sufrir. Tendrás paz.
Sufrir por sufrir te quita la paz.

Vivir en modo positivo

La actitud positiva fluye cuando vamos al gimnasio cada día a desarrollar y fortalecer los músculos de la mente. El famoso ejemplo del vaso medio lleno o medio vacío evidencia que hay dos maneras de ver las cosas: desde la percepción de lo que no hay, o desde la gratitud de lo que hay. Acostumbrarnos a percibir lo positivo de uno mismo, de cada situación o de cada persona requiere consciencia, coraje y voluntad, todo ello disponible en el gimnasio espiritual. Es preciso estar alerta y convertirnos en observadores de nuestra mente para cambiar las tendencias de percibir lo negativo, activando la visión espiritual y reconocer el propósito detrás de aquello que vivimos.

Pensar en positivo es esperar lo mejor, es confiar, es ver lo bueno de cada situación. Es un hábito que trae salud al cuerpo y paz al alma con optimismo natural. El estrés solo debe servirnos para motivarnos a avanzar, sin convertirlo en el *modus vivendi* que nos enferma y nos vuelve la vida un infierno.

Ser positivo es posible cuando practicamos con constancia hasta habituar a la mente y volvernos expertos en pensamientos benevolentes. Así, de manera espontánea percibiremos lo mejor de todo y de todos sin mucho esfuerzo. Practicar el *modo positivo* es desarrollar una habilidad de pensamiento que nos acerca a la paz.

¿Es posible dejar esos hábitos de pensamiento que nos han traído sinsabores en el pasado? Claro que sí. Todo lo que pensamos es energía activa con efectos nocivos o terapéuticos en nuestra salud corporal y emocional. Podemos identificar lo que debemos eliminar de la mente y cambiar de canal cuando veamos que estamos cayendo en lo mismo.

Imagino a la mente como una sábana blanca con un punto infinitesimal de conexión con Dios. Todo el resto está a merced del ego. Si la llenamos de pensamientos benevolentes, positivos, ¡no habrá espacio para tanto ego! Se podrá superar la adicción a lo negativo y en lugar de predecir dificultades, recordaremos que el sol sigue brillando detrás de la nube gris, sin intimidarnos por la tormenta. Prevalece la fe sin arriesgar nuestra paz interna.

Todos sabemos que cambiar hábitos no es tarea fácil, y menos si son de pensamiento. Basada en lo que afirman los expertos sobre cómo funciona el cerebro, se me ocurrió la fórmula "21-40-90": durante 21 días seguidos, ver lo bueno en algo negativo para acostumbrarnos a percibir lo positivo; durante 40 días más, hacerlo desde la gratitud consciente, acostumbrando al cerebro a asimilar el nuevo hábito sin resistirlo, agradeciendo; y seguir conscientes durante 90 días más hasta que la percepción positiva sea espontánea y fluya naturalmente. Nace un nuevo hábito en nuestra mente. Cada pensamiento positivo nos libera, así se trate de asuntos pequeños. Cambiaremos, si así lo decidimos. Y tendremos paz.

El paso de los años

No te resistas a la veloz carrera del tiempo, nunca se ha de detener. No pierdas tu paz por no aceptar lo inevitable. El paso de los años es algo natural, y necesitamos comprenderlo. Es en las rodillas gastadas, en las canas evidentes, en cada arruga nueva, donde mora la sabiduría que nos otorga la experiencia.

El paso de los años nos desviste en el espejo para evidenciar el tiempo, y lentamente nos entrega el sosiego que los años mozos no conocieron. Nos permite entender que todo en esta vida es temporal, y que nada de lo vivido hay que tomarlo tan en serio.

Poco a poco la vida se muestra como un sueño del cual vamos despertando. Los ideales ya no emocionan, la ansiedad ya se ha calmado y perdió sentido el querer aparentar. El paso de los años nos confirma que el tiempo es una ilusión que se esfuma como el agua entre los dedos; y que, al igual que el cuerpo, es solamente un recurso de aprendizaje. Nada más.

Maravilloso transcurrir de los años que nos enseña que vivimos un sueño y que se aproxima el despertar. Que no somos el cuerpo en el espejo, sino esencia espiritual de Dios, hechos de Amor Incondicional.

La curva de la vida humana declina inexorablemente a medida que el tiempo avanza, y ello nos permite ver aspectos del paisaje en los cuales no reparamos en los años de juventud. Para entonces nos creíamos invencibles, eternamente jóvenes e impetuosos, y veíamos el ocaso como algo lejano, casi inexistente... Pero el tiempo lleva la curva a su inevitable destino y nos demuestra que el paisaje que vimos era una ilusión y que es ahora, en el declive físico inminente, cuando podemos apreciar que la curva espiritual crece cada vez más.

El cuerpo mortal, completamente temporal, dejará de vestirnos en cualquier momento. Es una promesa que debería alegrarnos en lugar de angustiarnos. Es un alivio saber hacia dónde nos dirigimos, allí donde no tendremos la barrera física para ser unidad con Dios y con todos. Seremos libres nuevamente, despertaremos de este sueño llamado vida y agradeceremos al paso de los años el habernos devuelto nuestra *memoria espiritual*.

¿No es esta una gran noticia?

Aquí, ahora...

Vivimos la era de la tecnología, bombardeados de información y distracciones. Con todo a la mano, actuamos como si tuviésemos que estar enterados de todo lo que sucede a cada segundo en el universo. El estrés se convirtió en la primera causa de la enfermedad en el mundo, no solo mental y emocional, sino física. Si no tomamos la decisión de preservar nuestra paz, tanto estímulo nos hará vivir en *modo estrés* y seguiremos deambulando, presos del miedo y de la confusión.

Con la globalización de la información no solo nos enteramos de todo cuanto está sucediendo, sino que nos hemos acostumbrado a vivir el drama de los demás en vivo y en directo. Entonces me pregunto, ¿cuántas historias somos capaces de vivir simultáneamente sin enfermarnos? Pues a la vez queremos vivir el examen del hijo, el resultado del partido, la bolsa de valores, el pago del recibo, el nacimiento del sobrino, el accidente del bus, la muerte del amigo, el paseo de los niños, la boda de la hermana... Todo al mismo tiempo, todas las emociones activadas a la vez por querer vivir vidas ajenas, ¡en lugar de dedicarnos a vivir lo nuestro!

¿Y nosotros...? ¿Cuánto tiempo nos queda para vivir nuestro presente si vivimos pendientes de enterarnos de todo, de responder a todo, de exclamar por todo, de tomar fotos de todo...? Viviendo todo menos el aquí y el ahora, que es lo único que tenemos. Ya no hay tiempo para apreciar el aire que respiramos o el bocado que comemos, o el abrazo que damos, menos para agradecer la sonrisa que recibimos.

Creo que vivimos pendientes de los demás y de todo lo externo porque no queremos estar con nosotros mismos. No nos amamos lo suficiente para disfrutarnos y concentrarnos en el verdadero propósito de nuestra existencia. Olvidamos sentirnos, escucharnos, mimarnos, disfrutar lo presente y conectarnos con el Amor. No nos damos cuenta de que la soledad es un estado del alma, no la ausencia de cuerpos junto a nosotros. Perdemos el norte con facilidad, olvidamos que *todo lo que queremos es paz.*

Para vivir el ahora es preciso controlar los pensamientos, concentrarse en lo que estamos haciendo sin divagar, sin distraernos. Es la mejor manera de permanecer en comunión con Dios, permanecer conscientes. Al lavar los platos, al caminar por el jardín, al hablar con los hijos, al degustar un helado, al dar un abrazo... al estar solos leyendo un libro, dibujando, conscientes, presentes, fluyendo con cada momento en plenitud. Este instante es lo único que nos pertenece, disfrutémoslo.

"La vida es aquello que nos sucede mientras estamos ocupados en otras cosas". John Lennon.

Y así se nos va la existencia, distraídos pensando en lo pasado que ya no podemos cambiar y temerosos proyectando un futuro que no podemos controlar. Dejamos que se esfumen estos momentos preciosos, presentes, que nunca volverán. El ahora es lo único que tenemos. El pasado ya no es nuestro y el futuro, ya vendrá. La mejor manera de vivir el ahora es concentrarnos en una sola cosa a la vez, y permanecer el mayor tiempo posible en *modo avión,* dejando de escuchar los gritos del mundo que insiste en distraernos.

Pasa la página de tus errores, perdónate; el aprendizaje es lo único que debes recordar, y el amor detrás de cada experiencia. Deja en paz a los demás sin mantener vivos ni repasar recuerdos que no te dan tranquilidad. Vive cada día libre de la esclavitud de los pesares, de la culpa, del resentimiento. Al hacerlo, tu perspectiva de la vida cambia.

Donde quiera que estés, bendice este momento. Haz una lista de tus bendiciones, un techo que te cubre, un plato de comida, una mente activa. Bendice el aire que respiras y el agua que te limpia, el amigo que te abraza y la aspirina que te alivia.

El momento de amar es ahora. Para hacer esa llamada y pedir perdón, para dar el abrazo que tanto has soñado, este es el momento, no esperes otro. *Sé feliz, ahora.* No postergues más. Donde quiera que estés busca una razón para sonreír. Una anécdota que te sucedió, o incluso la pesadilla que tuviste. Valora tu consciencia, abraza tu maravilloso presente, tu ahora. Y decídete a vivirlo de la mejor manera, sin olvidar quién eres. Bendice y agradece tu eterno presente, que te conduce a la paz.

Escuchar al cuerpo

Al honrar al cuerpo, honramos la obra de Dios. Por ello, cuidarlo es una responsabilidad sagrada. Nutrirlo adecuadamente, darle ejercicio y descanso, es parte de cuidar el ecosistema que somos. Tratarlo bien, amorosamente y sin idolatrarlo, mantenerlo en las condiciones más sanas posibles, con salud y vitalidad. Sentirnos bien con nuestro cuerpo. Pero también debemos escucharlo.

Todo está en la mente. El doctor en Biología Celular, Bruce Lipton, dice que el 90% de las enfermedades de hoy en día son causadas por el estrés, que no es otra cosa que un estado de tensión mental que invade nuestra psiquis y nuestro cuerpo. Es el poder del pensamiento en la salud y en la enfermedad. Por ello es tan importante permanecer atentos a lo que el cuerpo siente. Él nos indica cuáles emociones y sentimientos estamos albergando en el corazón.

La enfermedad nos avisa, nos invita a revisar algunas emociones —que son energía en movimiento— guardadas en nuestra memoria y que se han vuelto nocivas al no procesarlas de manera adecuada y a tiempo. El miedo y el resentimiento, la victimización y el sufrimiento, son solo algunas de esas emociones atrapadas en la mente, que andan produciendo estragos en nuestro cuerpo sin que lo notemos.

Al abrir la puerta para que esas emociones salgan de nuestro ambiente mental y sean reemplazadas por la armonía y el perdón, hemos iniciado la recuperación de nuestra salud física y emocional.

Si hay enfermedad, busca la verdadera causa. Busca en tu interior qué o a quién necesitas perdonar, cuáles son las historias que te dices, dónde debes limpiar para sanar la emoción somatizada. Recuerda, todo está en la mente, y al sanar la emoción allí atrapada se produce una cadena energética que elimina la causa y permite a las células recuperarse, y al sistema inmunológico activarse y sanar.

Cuidar al cuerpo es importante, escucharlo también. La actividad física saludable, el contacto con la naturaleza, los alimentos naturales y poco procesados, nos ayudan a cuidar al cuerpo nutricionalmente. Mantener hábitos sanos nos permite mantener el cuerpo libre de malestares, y ayuda a prevenir la enfermedad.

INSTANTE (50) - El mejor estado

¿En qué estado me encuentro hoy?
En el mejor estado de todos.
Agobiado o con energía, mi cuerpo me habla
bien para que descanse y me cuide
o bien para que me mueva y actúe.
El cuerpo me indica si estoy en armonía
o si estoy en desbalance.
Quizá debo perdonar a alguien, o a mí mismo
quizá demasiado control o miedo, o falta de fe.
Quizá necesito descansar y sanar mi mente.
¿En cuál estado me encuentro hoy?
En el mejor estado de todos.

Vencer la indiferencia

Una de las más grandes vergüenzas de la humanidad es la indiferencia ante el dolor ajeno. Hemos desarrollado la capacidad de permanecer insensibles y vivimos como si la desigualdad y la injusticia fueran normales. Somos Seres de Amor, y la sensibilidad al dolor ajeno es parte de nuestra condición humana, de la bondad y la compasión de que estamos dotados.

El hecho de que unos disfruten de bienestar mientras otros mueren de hambre y olvido, no debería ser visto como algo natural. Cambiar esas condiciones para que todos sin excepción tengamos una vida digna, debería ser una prioridad de nuestra vida.

La humanidad ha olvidado el sentido del amor y la solidaridad al seguir el camino absurdo del ego, la separación y el individualismo. Llevamos puesta una coraza para no incomodarnos ante el dolor de los que no tienen libertad, ni recursos, ni oportunidades... Perdimos la empatía, y así, la posibilidad de ayudar.

La indiferencia es una de las principales causas de la inequidad y la injusticia. Los líderes han olvidado la misión de ayudar a los grupos menos favorecidos a superarse y a salir de la pobreza, a vivir con dignidad y a cambiar su cultura de carencia por una de superación y sostenibilidad. Y aunque esto nos afecta a todos, seguimos hipnotizados pensando que todo está bien...

La humanidad no aprende de los errores pasados, y no lo hará mientras vivamos en la inconsciencia. Unos seguirán su deambular errante luchando por un pedazo de tierra o por huir del hambre y del abuso, otros inmersos en sus propios logros e ideales, sin salir de su zona de confort. El cambio nos corresponde a todos si deseamos que este se convierta en un mundo en paz.

Muchas veces volvemos la mirada a otro lado cuando alguien necesita una mano amorosa o un hombro donde recostar su cabeza. No queremos incomodarnos, es más fácil ser indiferentes. Nos movemos en el lodo del egoísmo cuando lo único que nos preocupa es nuestro bienestar, cuando no es importante que un compañero de trabajo sufra por sus deudas sin saber qué hacer, o un vecino llore por su hijo enfermo, cuando alguien queda sin empleo y necesita apoyo, cuando... hay muchos cuandos... demasiados cuandos...

Ojalá entre todos despertemos al mundo a partir de un cambio individual y desalojemos la indiferencia al asumir una actitud empática, al ayudar a otros aunque ello nos implique cierta incomodidad. Ojalá nos unamos en la búsqueda de oportunidades para superar la vulnerabilidad y la miseria, el abandono y la falta de dignidad de tantos. Todos tenemos algún talento o algún recurso para ofrecer. Todos podemos hacer algo por alguien, siempre. Todos podemos dar un propósito a nuestra vida, si en realidad queremos aportar paz al mundo.

INSTANTE (51) - Indiferencia

Indiferencia, no quisiera volverte a encontrar
quisiera saber que fuiste tema del pasado
de una humanidad inconsciente...
Indiferencia, no me invites a tu mundo
allí donde no importa si otro sufre
allí donde ignoras los gritos de ayuda
allí donde no te quieres incomodar.
Prefiero sentir compasión, empatía
ayudar y que me duela el corazón.
Prefiero ser sensible y ofrecer mi mano
sentir que a alguien puedo guiar.
No te quiero en mi libreto, indiferencia.

Vaciar la mente...

Mantener la casa limpia y ordenada nos ayuda a fluir en nuestro día a día. Podemos organizar mejor las ideas y mantenernos libres del estrés que causa el caos. Qué alivio se siente al limpiar el clóset, al descongestionarlo. Qué alivio al ordenar, al sacar lo que ya no sirve, o lo que ya no usamos y que conservamos por años, casi siempre sin razón. Qué alivio ver espacios descongestionados...

De la misma manera, qué gran alivio limpiar el armario de la mente y sacar todo aquello que no nos hace bien. Dejar allí únicamente lo positivo, los pensamientos que armonizan y traen paz, que nos motivan a vivir libres sin el caos del desorden mental. Vaciar la mente es una decisión que nos da sosiego y serenidad, que elimina el estrés y nos permite fluir. Nunca es tarde para hacerlo. Soltar aquellas creencias que nos oprimen y nos quitan energía, que opacan nuestra armonía y no nos dejan vivir.

Sacar de la mente lo que nos ha borrado la sonrisa, incluso lo que nos hace dudar y perder la fe. También lo que nos hace creer que somos infalibles, que todo lo debemos solucionar, que sin nosotros nadie puede vivir. Sacar todo lo que nos estorba de los rincones de la mente y darles un definitivo adiós. Limpiar, limpiar la mente.

¿Cómo hacer que la vida fluya desde el orden del espíritu, desde la armonía del alma y la simplicidad? Activando la parte de la mente donde reside el recuerdo de Dios, donde radica la consciencia. Tomando control de creencias, pensamientos y emociones, para sentir la mente en orden y nuestra vida en paz.

INSTANTE (52) - Soltar amarras

Qué alivio eliminar los lamentos que nos atan
los "si yo hubiera" o "si esto hubiera sido así" o "si yo..."
Recordar el pasado, no para flagelarse ni sufrir
sino para cambiar y no repetir errores.
Qué alivio renunciar a los juicios
al deseo interminable de culparnos y culpar
de castigarnos por lo que hicimos
y de castigar por lo que otros hicieron
de sufrir por lo que se dejó de hacer...
Soltar amarras para navegar libremente...
Qué alivio soltar, desapegarse del sufrimiento
y del drama innecesarios.
Romper las cadenas que nos atan
a un pasado que insistimos en re-vivir
en re-sentir, en re-pasar...
Qué alivio deshacer la ansiedad por el futuro
ese temor inútil que es falta de fe...
Qué alivio confiar en el presente
centrarnos en el Ahora con la mente despejada
y el espíritu liviano
sin expectativas que nos tensionan
y no nos dejan fluir.
Qué alivio se siente al soltar amarras y
recordar que todo lo que queremos es paz.

INSTANTE (53) - Tenemos más

Aparentemente hoy tenemos menos que ayer
sin embargo, en realidad tenemos mucho más.
Tenemos menos juventud pero hemos ganado experiencia.
Menos ilusiones pero más espiritualidad.
Menos necesidad de recibir, más deseos de dar.
Menos afán de impresionar, más seguridad.
Menos deseos de juzgar, más compasión.
Menos egoísmo, más empatía y respeto.
Menos dependencia material, más amor.
Menos ganas de criticar, más compasión.
Hoy tenemos menos soberbia y más humildad
para pedir perdón, para abrazar.
Menos resistencia a lo inevitable, más mansedumbre
más aceptación.
Menos resentimiento, más reconciliación.
Menos malos recuerdos, más gratitud por lo vivido.
Menos miedo de la muerte física,
más alegría de regresar a Dios.

Aún tenemos tanto por dejar a un lado, pero lo importante
es entender que cada segundo es una nueva oportunidad de
soltar cargas y avanzar. Hasta llenar nuestra vida con lo único
que es realmente importante, lo único que somos, Amor
Incondicional. Sí, definitivamente tenemos mucho más.

Las anclas

Siguiendo una ruta que promete felicidad, somos como un barco navegando hacia un destino, felices con la aventura. A veces contamos con buen viento y buena mar, pero hay momentos en que debemos detenernos y revisar la ruta. A veces la vida lo hace por nosotros, cuando no entendemos que necesitamos anclar y esperar, quizá porque cambia el tiempo, porque sube la marea, o porque el barco requiere descanso. Aparecen las sorpresas, los cambios imprevistos, las pérdidas, las ausencias, también la enfermedad, las crisis y los cambios, de lo que está llena la vida terrenal. Son esos desafíos que nos impiden continuar la ruta que un día trazamos con tanta ilusión, que nos obligan a cambiar de rumbo o en ocasiones a detenernos, aparentemente sin avanzar.

Esas restricciones son anclas que forman parte del recorrido y en algunos casos no tenemos la opción de removerlas: un familiar discapacitado, una pareja enferma, una limitación física o mental, o las consecuencias de un error. Anclas que forman parte de nuestro libreto por una razón que no siempre llegamos a comprender.

Al dejar de resistirnos aflora la humildad que hace grande al espíritu y que nos fortalece para mantener la motivación, reinventar nuestro mapa de navegación sin amargarnos, confiando en que hay un propósito en lo inevitable. Quizá practicar habilidades espirituales como la aceptación, tolerancia y paciencia, servicio y compasión. Así, en lugar de victimizarnos y quejarnos, reorganizamos nuestros recursos con la certeza de que no estamos solos en este transitar.

En otros casos, muy frecuentes, nos inventamos anclas para disfrazar nuestra inseguridad o como justificación para no esforzarnos en cambiar. Generalmente son miedos mentales producto de la baja autoestima, del egoísmo, de la comodidad de culpar a los demás de nuestra situación. Lo importante es reconocer esas anclas y trabajar en removerlas porque ellas no nos permiten continuar hacia esa paz que tanto anhelamos descubrir en nuestro interior.

Vamos avanzando

La vida está llena de retos y la idea es superarlos en aras de la paz. A veces nos resulta difícil reconocer si hemos mejorado, si en algo hemos cambiado o si hemos aprendido la lección; o si continuamos viviendo en modo automático, reaccionando sin aprender, actuando sin pensar, viviendo sin reflexionar.

Hay personas que son un reto permanente, nos incomodan, nos producen rechazo y malestar, y dejamos de disfrutar su lado amable porque magnificamos lo que consideramos sus defectos y nos concentramos en ellos. Un día… un día entenderemos que los retos pueden ser inofensivos si así lo decidimos. No reaccionar ante ellos es señal de fortaleza, no de debilidad. Comprender la frustración del otro, superar lo desagradable, no amargarnos por los olvidos, o por la prepotencia, o por las respuestas poco amables, es señal de que vamos avanzando.

El ego es como un globo que nos nubla la visión real, pero el paso del tiempo se encarga de irlo desinflando con experiencias, crisis, aprendizaje. Yo los llamo los alfileres necesarios, con pinchazos que poco a poco lo van reduciendo. Y si ese globito se vuelve cada vez más pequeño, es señal de que vamos avanzando...

Aunque la memoria desee vivir en el pasado y quiera apegarse a los recuerdos, es un reto pasar la página y vivir el presente de la mejor manera posible. Utilizar el tiempo a nuestro favor para aprender a utilizar la memoria selectiva y dejar de sufrir. Los principales beneficiados somos nosotros mismos pues así protegemos el mayor tesoro de todos: nuestra paz interior. Esa es la verdadera señal de que vamos avanzando...

Al ver las cosas de esta manera disfrutaremos cada momento sin resistirnos a aceptar el calendario, sin sufrir por una juventud ya gastada ni tratar de detener el tiempo que se escapa incontenible. Al acercarnos a la vejez nos llega el desapego de lo mundano y aceptamos con alivio nuestra maravillosa realidad, nuestra esencia espiritual, infinita.

Haz la prueba, si no lo has hecho aún. Piensa en la persona que te molesta y por un momento deja de juzgarla, no tomes lo que hace de manera personal. Si no te gusta como habla, ponte en *modo no escucho* y desconéctate de lo que te incomoda. Respira hondo, cambia el tema, piensa en algo bueno que esa persona haya hecho por ti. Dale un abrazo y no te enganches. No caigas en la trampa del ego, no respondas con enojo. Se requiere mucha paciencia y persistencia, pero funciona... ¡Hay que practicar! Cuando no puedas cambiar algo, cambia tú, y tu mundo cambiará.

Hay personas que bloquean nuestro crecimiento espiritual, no fluimos o no logramos controlar nuestro ego. Si la única solución en aras de la paz común y de parar el conflicto es alejarnos de ellas y podemos hacerlo, se vale. Sin dolor, amorosamente, siempre deseando al otro lo mejor.

Es cierto, en algunos casos no es tan fácil porque son parte de la familia o es imposible alejarnos, ¿qué hacer entonces? Revisar cuál es el propósito de que estén en nuestra vida y cuál nuestro aprendizaje. Es difícil aceptarlo, pero resistirnos es inútil. Necesitamos pedir sabiduría para ver qué debemos cambiar para que esa relación deje de afectarnos emocionalmente.

Aunque la otra persona no cambie, a veces es necesario vivir estas situaciones en *modo avión*, desconectados del vaivén emocional, volvernos prácticos y no permitir que el amor se disipe. Si recordamos que todo lo que queremos es paz, lo lograremos.

Quitarle el poder a lo externo, a personas y eventos que no puedes controlar, es renunciar a ser títere de otros y de las circunstancias, cortando las cuerdas que te manipulan. Es dejar el drama y ver en ellos la oportunidad de volverse experto ¿en qué? ¡en conservar tu paz! Activa tu visión espiritual y pregúntate: ¿Qué debo aprender de esta persona o de esta situación?

Y si aún no logras verlo, hazte otra pregunta: ¿Qué haría Jesús en este caso?

¿No te gusta la respuesta? Recuerda, *todo lo que quieres es paz.*

183

En medio del dolor...

Cuando todo está bien y todo fluye, es fácil ser positivo y optimista. Cuando algo sale mal o las noticias no son alentadoras, el dolor, la angustia y la preocupación se vuelven compañeros de jornada. La verdad es que todo es efímero, tanto lo que nos agrada como lo que nos mortifica. Al ver más allá de lo aparente, sin juzgar eventos ni personas, sin fijarnos en los errores sino en la necesidad de amor que el mundo grita y clama, logramos sentir paz en medio del dolor. Los eventos dolorosos nos ayudan a quitar tanta atención en las cosas materiales y nos ubican en la necesidad de amar y de sanar, de consolar y de mantener la fe. Más allá de la tragedia podemos ver qué es lo que debemos aprender, corregir o aportar. La única manera de vivir en paz, a pesar de los sucesos, es viendo al mundo desde una perspectiva espiritual. Es recordando día a día, minuto a minuto, que lo que aquí sucede no puede engañarnos, que Dios está con todos, que estamos protegidos y que todo lo que queremos es paz.

En medio del dolor es sano expresar nuestras emociones sin dañarnos ni dañar a nadie, pero siempre procurando vaciar la mente y dando tiempo para que la herida sane. No perpetuar el drama al recordar que todo tiene un propósito amoroso, aún si es difícil aceptarlo o si, por el momento, no tiene sentido. Nos debería bastar con saber que Aquel que todo lo sabe está a cargo, y que no necesitamos entenderlo todo, que solo necesitamos comprenderlo y confiar. Ver el libreto con la mirada del alma, siendo el observador y no el rol que desempeñamos, nos permite corregir la percepción y mantenernos en el umbral de la paz.

La mirada sabia se ejercita en medio del dolor.

Un mundo diferente

Vamos a hacer lo opuesto de lo que normalmente hacemos, hagamos algo diferente.

Oremos por aquellos que atacan u ofenden, que nos han agredido. Bendigamos.

En medio de la angustia busquemos la calma. Si algo parece estar mal, nuestra certeza está a prueba; confiemos en que sucederá lo mejor, sin miedo ni ansiedad. Hagamos lo opuesto a lo que el ego nos sugiere. Abracemos, amemos, aceptemos, perdonemos. Propongámonos callar aunque creamos tener la razón, hagamos la prueba. Así estaremos haciendo de este, un mundo diferente.

Las tijeras emocionales

Las relaciones humanas viven expuestas a malentendidos, incompatibilidades y muchos desafíos cuando se basan en el *ego a ego* y no en el *alma a alma*. Tratamos de que el otro perciba como nosotros, y terminamos forzando las cosas, enojados porque el otro no piensa igual, y a veces dejando de ser nosotros mismos por acoplarnos a la otra persona.

Esta situación se vuelve enfermiza y nos genera una tensión que a veces no percibimos, pero que hace mella de todos modos, que genera con el tiempo resentimiento y rechazo, frustración e inconformidad. Algunas personas nos drenan la energía y estimulan nuestra versión negativa; no logramos fluir, hasta que llega un momento en que nos rendimos y renunciamos, exhaustos y sin esperanza. Se vale sentirse así, la vida no es para continuar el drama y morir presos en ningún libreto de inconformidad donde no logramos ser nosotros mismos.

Si tienes una relación tóxica o desequilibrante, revisa la razón por la cual has cedido a esa persona el poder de afectar tu estado emocional. Una vez identifiques esa razón, pregúntate si te sientes capaz de recuperar el control y proteger tu paz. Imagina que tienes unas "tijeras emocionales" —como lo sugiere Wayne Dyer en su libro *Tus zonas erróneas*— y cortas ese lazo de dependencia que tú mismo has tendido. Una vez lo hagas, afirma que eres nuevamente dueño de tus emociones, y siente cómo recuperas tu seguridad y tu confianza. Te liberas cuando lo que sientes depende de ti, y no del otro. Es una terapia mental, ¡y funciona!

Sin embargo, si no logras recuperar el control de tu estado emocional y a pesar de tus intentos no fluyes, es hora de decidir si vas a continuar con esa relación tóxica o si es necesario tomar distancia. Lo importante es que sea una decisión consciente y no emocional, sin peleas ni dramas, sino con el deseo de que cada uno esté mejor.

Si en el plano físico no fluyen, en el plano espiritual siguen siendo unidad. Una vez has decidido que lo único que quieres es paz, dejas de exponerte a desafíos que no te ayudan a avanzar. No es fácil lograrlo, pero utilizando las herramientas del Amor Incondicional, todo es posible. Pide sabiduría para tomar una decisión consciente que te lleve al estado de paz que anhelas.

Sabiduría emocional

Las emociones son energía molecular en movimiento, como su nombre lo indica, que se manifiestan en el cuerpo. Si no las controlamos, su intensidad se sale del umbral de nuestra paz interior y nos llevan a los niveles donde el ego tiene establecido su mundo, la inconsciencia. Las emociones incontroladas producen un efecto yoyó, nos suben y nos bajan con tal facilidad que nos agotan ante la inestabilidad que nos producen. Mantener la cordura para vivir nuestras emociones de manera adecuada, manifestándolas sanamente en el momento adecuado y de la manera propicia, sin reprimirlas, es parte de la sabiduría que la paz interior nos ofrece.

Si todo lo que queremos es paz, cuidaremos a la mente sin restringir el sentir, viviendo las emociones dentro del umbral que nos mantenga alineados con nuestro Yo interno, con nuestra paz, sin dejar de sentir en la justa medida. Sabiduría emocional basada en la consciencia.

El milagro de la Paz

Y así, seguimos siendo caminantes, haciendo camino al andar. Conscientes de que hay dos rutas y de que elegir está en nuestras manos. Con la claridad de que el propósito de la vida no es acumular dinero ni cosas materiales, ni que todo nos salga perfecto. Sin dejar de luchar por los sueños, no seremos esclavos de ellos, buscaremos crecer en todo aspecto recordando quiénes somos.

Ya no confundiremos opulencia y prosperidad con algo tan valioso como la felicidad. Ya no confundiremos el poder o una posición privilegiada, con algo tan precioso como la felicidad. Ya no confundiremos los atributos pasajeros ni el bienestar transitorio, con algo tan trascendente como la felicidad.

Recordaremos, sí, que la paz es el mayor tesoro que podemos alcanzar, y que esa es la verdadera felicidad que nos espera, a ti y a mí, a todos, cuando despertemos de este sueño. Seamos optimistas, hay millones de seres en este mismo instante que hablan de lo mismo, que trabajan para lograr que la humanidad logre escapar de la locura y la inconsciencia, hasta que entienda que solo desde la solidaridad y la unidad podremos recuperar lo perdido y avanzar en el regreso a nuestro verdadero hogar.

Todo lo que quiero es paz

Si estás comprometido a seguir este camino de plenitud interior, ten presente que tú decides, no los demás. Tú controlas tu mente, tus creencias, tus emociones, tus reacciones. Tú cuidas la calidad de tu vida, deshaces apegos, sueltas creencias que te atan y te mortifican.

¿Quieres paz? Suelta la angustia y la expectativa. Dale la oportunidad a la vida para que las cosas se den solas, dice Melody Beattie en su libro *Ya no seas Codependiente*. Libera el deseo de vivir la vida de los demás. Controla tu temperamento, haz una pausa y respira antes de responder si algo no sale bien. Un incendio no se apaga con combustible, ni un conflicto se resuelve con otro conflicto. Cuida tu armonía. La prudencia salva relaciones y nos ahorra mil disgustos. Sé benevolente contigo mismo, y con los demás.

¿Quieres paz? Ordena tu mente, ordena tu casa y tu entorno. Simplifica tu vida, sin crear necesidades que no tienes, sin llenar tu casa de cosas sino de amor. Aprende a decir "no" amorosamente, y libera la ansiedad por el qué dirán. Ordena tus horarios. Disfruta lo que haces sin hacer mil cosas a la vez, sin comprometerte tanto que pierdas tu paz. Cuídate, ¡sé compasivo contigo mismo, no solo con los demás!

¿Quieres paz? Dedica tiempo de calidad para ti, para los tuyos. Escucha a tus hijos, comparte con ellos, abrázalos, oriéntalos. Recuerda decirles que los amas. Miles de obsequios no reemplazan el amor que tú y ellos necesitan, ni los momentos juntos. Enséñales el amor por la naturaleza, que caminen, que corran, que se llenen de arena. Enséñales a vivir, no a poner su mente en una cajita electrónica donde son alineados sin derecho a pensar ni a prepararse para ser los ciudadanos del mañana. Haz de tu hogar un remanso de paz, un amoroso espacio de vida.

¿Quieres paz? Haz la dieta que necesitas, practica ejercicio; cuida lo que comes, cuida tu salud sin obsesiones y con hábitos saludables. Aléjate de las relaciones tóxicas. Apaga la tele y ocupa tu tiempo en un propósito para ayudar a una causa, sé voluntario, enamórate de servir. Cambia tú y verás un mundo nuevo, tu vida cambiará. Reinvéntate, como lo sugiero en mi libro *Cómo superar un Triple salto mortal: Cáncer, Infidelidad, Divorcio*. ¡Ámate!

¿Quieres paz? Cuida tu espacio mental, en lugar de basura emocional, llénalo de pensamientos constructivos, benevolentes. Filtra las noticias, la información que absorbes. En lugar de hacer comentarios que atenten contra la reputación de alguien, promueve la empatía y el respeto. Que sea tu criterio benevolente el que forme tu opinión. En redes sociales hay grupos agresivos que insultan, ofenden, calumnian, que no ayudan a tener una mente limpia ni a procurar la paz.

¿Quieres paz? Agradece por todo, por ser tú, por los seres que amas, por tus amigos, por tu trabajo. No des nada por hecho, todo lo que tienes es una bendición si así lo decides. Ama la naturaleza, sonríe a menudo. Ríete de ti mismo y de la vida, de tus errores incluso. Enséñale a tu mente a relajarse, a reír, incluso a carcajear.

¿Dónde está el drama? En la mente, allí lo cultivamos, lo magnificamos, lo alimentamos… Y allí lo eliminamos si decidimos no vivir en el infierno, si nuestra paz está primero.

La paz interior te pertenece. Tú decides.

INSTANTE (54) - El milagro de tu Paz

Cuando cambio de sintonía
del miedo al Amor.
Cuando dejo de buscar afuera
cuando me amo y me acepto
y acepto a los demás como son,
cuando dejo de pensar en el error
 y bendigo al hermano,
entonces ha ocurrido un milagro.
Cuando dejo de responder al ataque
cuando veo en el otro al hijo de Dios
cuando me relaciono con todos desde el respeto
la compasión, la tolerancia, el amor
entonces ha ocurrido un milagro.
 Cuando logro dominar al ego
y me rehuso a juzgar y a culpar.
Cuando renuncio al conflicto y
dejo de actuar en mi propio esfuerzo.
Cuando suelto el apego y siento mi libertad
porque todo lo que quiero es paz
entonces ha ocurrido un milagro.
De sentirnos culpables a sentirnos en paz.
De renunciar al miedo y aceptar al Amor.
De pasar de la separación a la unidad.
De eso se trata el milagro.

INSTANTE (55) - Libre soy

Libre soy cuando no doy poder a nada externo
para robar la armonía de mi existencia;
cuando no despilfarro mi alegría en dramas innecesarios
si las cosas no salen a mi manera;
cuando estoy libre de apegos y entiendo que nada me falta.
Libre soy cuando controlo mi mente
y no permito que el ego me confunda;
cuando elijo no juzgar
y permito que fluya el amor
cuando elijo la compasión antes que el rencor
y renuncio al resentimiento;
cuando vivo en el concepto de lo suficiente
y agradezco todo cuanto hay.
La paz interior es el tesoro que me hace libre
y vale más que cualquier otra cosa;
la libertad que da la paz no tiene precio.
Gracias Dios por recordarme Quién Soy
y por aclararme quién no soy.
Gracias por permitirme romper las cadenas
emocionales y materiales
por ayudarme a aprender a ser feliz
y poder decir con alegría, libre soy.

Todo, todo lo que quiero es paz.

Luz Amparo Reyes

Nací en Pamplona, Colombia, una ciudad cultural, donde se toca la niebla con los dedos, con olor a campo y montaña, donde viví una niñez y adolescencia maravillosas. Imborrables y agradecidos recuerdos, por siempre.

Mi historia es igual que la tuya, y la de Juan, y la de María. Como tú y como todos, he vivido tratando de ser una mejor persona. He querido ser feliz y he correteado detrás de mis sueños. Y, aunque olvidé por un tiempo que mi felicidad era mi responsabilidad y la de nadie más, los eventos de la vida me llevaron a detener mi carrera sin sentido, a cuestionar la razón de mi existencia, y a buscar las respuestas que necesitaba. De tanto buscar, encontré el interruptor y se encendió una luz. Pero no fue cualquier luz, fue mi luz interior.

La Ingeniería Industrial me sirvió para aplicar en mi vida los principios del orden de los procesos: para caminar hay que primero gatear, para llegar lejos hay que dar cada paso, para aprender hay que pasar todas las pruebas de laboratorio. Solo cuando entendemos que cada etapa tiene una razón de ser, dejamos la angustia de querer que todo suceda sin su debido proceso. La Valoración Positiva aprendida del maestro Peter Fraile, unida a una familia maravillosa y llena de amor, me llevó a cultivar una percepción positiva de la vida.

En medio de diversos desafíos personales de los últimos años, un día decidí dar un giro de 180° a mi vida y convertirme en Coach de Vida. Tomé cursos de Sicología Positiva y me dediqué al estudio profundo de Un Curso de Milagros. Publiqué así mi primer libro *Cómo Superar un Triple Salto Mortal: Cáncer, Infidelidad, Divorcio*, el cual presenta una experiencia personal de positivismo, perdón y sanación. A través de esta experiencia, la Universidad de la Vida me ha dado la oportunidad de ser Motivadora de Paz Interior, un título *honoris causa* que trato de honrar a través de mi vida, y de mis actividades como escritora, conferencista, coach, locutora, madre, hermana, amiga... Todo ello me llevó a escribir mi nuevo libro *Todo lo que quiero es paz*, en el cual comparto lo aprendido en este transitar hacia la paz interior.

Para hacer de este un mundo mejor necesitamos cambiar nosotros mismos, y dejar de esperar que los otros cambien. Si algún día quieres que alguien te escuche, contáctame.

Ofrezco sesiones de Coaching Espiritual y de Vida, Un Curso de Milagros, Talleres de Paz Interior y conferencias de diversa naturaleza.

Mis actividades están descritas en detalle en ***www.luzyamparo.com***

Luz Amparo Reyes
Escritora - Motivadora de Paz Interior
Coaching Espiritual y de Vida
www.LuzyAmparo.com
 @LuzyAmparoCoach

Tabla de Contenido

La vida está llena de INSTANTES

Asesoría editorial y literaria
Massiel Alvarez
Diseñado por
Germán García

Contacto: bookmasterscorp@gmail.com